U0111704

大展好書　好書大展

品嘗好書・　冠群可期

武術特輯
79

形意拳
搏擊的理與法

買正虎 編著

大展出版社有限公司

作者簡介

買正虎，男，回族，1950年生，山西河津市西關村人，中共黨員、政工師、武術六段位、武術一級裁判員；山西省形意拳協會常委、運城地區武術協會常委、河津市麟島習武聯誼會會長、河津市伊斯蘭教協會會長、河津市政協常委，現任河津市城鎮集體工業聯合社資產管理公司副經理。

買正虎自幼酷愛武術，隨父學拳，擅長形意拳，相繼隨名師李三元、原雲龍學習形意拳，是山西省體工隊武術總教練、全國武林百傑、山西省形意拳協會會長張希貴入門弟子，曾在省、地重大武術賽事上獲得名次。其撰寫的《形意拳椿功法三體勢研究》，曾在《科學中國人》科學健身欄目中發表，撰寫的《形意拳在搏擊中的應用研究》等論文20篇在《搏擊》雜誌上連載，對推動山西武術做出了一定的貢獻。

編著者的話

形意拳流傳至今有近 400 年歷史，已發展成爲中華武術四大拳種之一，說明了形意拳有著它光輝燦爛的思想文化，是我國優秀的傳統民族文化瑰寶。

形意拳以體育爲途，精研中國傳統文化精粹易經、醫學學說及內經之意義，化生五行、十二形之原理，總合五綱十二目，統一全身體的功用，在內爲意，在外爲形，象形取意，形爲精神體魄，意爲意識靈魂，則爲之形意拳，是修身養性、防身自衛之根本，明心見性還原之大道，攬陰陽之造化，轉乾坤之樞機，誠實是強身之捷徑。

形意拳流傳至今，實踐證明，形意拳不但對提高人體的健康，改善人體素質，鍛鍊人的智慧，防疾治病都有一定的作用，並且有很強的技擊作用，運用於現代搏擊有很高的研究價值。如能經常練習，疾者能癒，弱者能強，不論男、女、老、少體弱體強者均可練習，不受任何場地限制，既無折腰縱險之痛苦，又無躍高劈膝之危勞，便服錦衣、斗室席地也可練習，雖屬武術卻近文雅。

形意拳集養生與技擊於一身，使學練者終生獲益，是鍛鍊身體最有效的科學體育項目。

形意拳風格特點突出，套路簡單易學、易懂、易入門，有很高的健身價值，形意拳依各形各勢每一個動作都規定了「三步功夫」的鍛鍊過程，在一個動作上就把人們練武術由初級到高級向更深層次推進，這也是形意拳最精妙的道理。形意拳的鍛鍊過程，舒展大方，伸縮自如，剛柔相兼，動靜分明，有「人以身形物之形，物之意以人意悟之」，象形取意，內外兼修的特點。

　　形意拳源於中國傳統文化古典易醫學說，以「陰陽五行」之原理，配伍「五行拳」之動作，鍛鍊「人體五臟」，以十二形疏通人體十二經絡。形意拳根據「五行」學說之原理，凝聚天地，開闢於無極，萬物之生於太極，陰陽生剋的原理，相生相剋，生生不息，給人以創新思維之啟示。形意之成本於無意，無意至極生有意，意誠心正極至於靜，靜極生動，動而震發四肢，貫通百骸。則是，先天存於靜，後天藏於動，因此意爲體、形爲用，靜屬陰而動屬陽，身體動靜陰陽，陰陽生剋之原理，用於搏擊和技擊實用，則屬虛實、攻防、陰陽互易之妙用，柔克剛進之法，顧中有打，打中有顧，攻防兼備，動靜相兼，有莫測之變化，莫測之妙用。

　　本書在編寫內容上，力求從形意拳優秀的思想文化上，從其拳理拳法、搏擊應用、鍛鍊方法、技擊實用等方面進行詳細的闡述，但由於本人水準有限，加之理論研究尚淺，書中定有不妥之處，誠請各位同仁、老師以及廣大讀者予以指正。

目　錄

第一章

形意拳意義及發展

　　形意拳是中華民族傳統的體育項目，是優秀的武術運動，具有嚴密、細緻、完美、科學的思想理論體系，是長期實踐培養德、智、體全面發展的良好方法，也是獨特的一種養生之道。

　　除了養生以外，還有技擊的作用，是中華武術中的一枝奇葩，它的整體動作簡單易行，並具有極強的實踐技擊作用，是中華民族武庫中的一份珍寶。

一、形意拳的流傳

　　形意拳的流傳距今有將近 400 年歷史，據史載：山西永濟尊村姬際可，字龍峰，訪高人，遊陝西終南山，遇異人，得民族英雄武穆王——岳飛拳經，創自於達摩老師祖。當時人稱「意拳」、「六合心意拳」，隨著歷史的發展流傳，名稱幾經更改。

　　按「意由心而生，心之發動為之意，意之所向為之拳，而有心意拳之稱」，其拳講究「六合」，即：「內三合」與「外三合」，合者即一動而全身上下合二而一，渾

然一體，同時具備行動之意，於是有「六合心意拳」之稱。

形意拳是由「心意拳」逐漸傳習發展而成，由於該拳是精研我國內經，古典易經的意義，化生陰陽五行相生相剋為基本原理，依據人們生活實踐中的幾個動作，配合內臟經絡和十二種動物的主要技能，像其形，取其意，以形取意，以意象形，形隨意轉，意至形生，形、意統一是該拳的精髓，因此，隨著傳習演變而稱為形意拳。

它在我國大江南北、全國各地傳習很廣，在國外也有很多國家和地區早有流傳。

二、形意拳的優點

形意拳有初學入門規矩，有練習三害之說法，有呼吸合道的實際道理，有「三步功夫」的拳法真訣。形意拳專注以陰陽五行為綱，運用十二形之原理，研究事物的道理與人身體的關係，從中得到真理，妙法中得到絕技。

形意拳有綜合技術的整體性，並有攻防技法實用的優越性，它是建立在傳統體育項目武術的基礎上，並有明顯的特色。究其拳法理論，來源於東方燦爛的文化，起源於古典易經醫學學術。

易經醫學學術是我國古代思想文化的精萃，博大精深，蘊藏著極其深奧的社會科學、自然科學的基本原理。依據五行以序而生，在武林中獨樹一幟，以陰陽五行學說為總綱，用五行拳鍛鍊人體五臟，十二形拳疏通人體十二經絡，是鍛鍊身體最有效、最科學的拳種。

長期習練形意拳，能使疾病者漸癒，可使身體虛弱者強旺，是廣大國民群眾、男女老少都可練習的拳術，既經濟又方便，也不需要廣大的場地，既沒有折腰劈膝之痛苦，又沒有縱高躍險之危勞，便衣錦服都可練習。

　　形意拳拳勢簡單精練，只要精熟得法，不但對身體健康大有益處，與人較勇具有獨特的技擊作用，即：攻守結合，顧打不分，相機而動，見機而作，神妙莫測，自然而然。集養生、技擊於一身，是不分男女老少、各行各業皆宜學練，終生獲益，修身養性的優秀拳種。

三、形意拳的作用

　　形意拳總合五綱十二目，統一全身體的功用，在內為意，在外為形，是修身養性之根本，是強身健體之捷徑。作為一項體育運動，它更有強身健體、促進健康的作用。透過對形意拳的練習，可使練習者在骨骼肌肉方面得到強壯，而且對人體內臟的臟器官功能的培養，同樣起著重要作用，最大限度地提高人體素質和神經系統的功能。經由練習正確掌握與人交手的攻防技術，更具有防身自衛的作用，發揮提高自身攻防技術的運用，對維護良好的社會治安起到一定的優良作用。

　　形意拳運動自古以來就有較高的觀賞價值，它的鍛鍊將是人體美、技、巧、力的共同表現，是人體機能的最好表現，不僅是體力技術的表現，而且是人們智力及思維力的表現，它將更深地表現參與者心靈的美。

　　對於建設文明國度、滿足人們業餘文化生活需要起到

極其重要的作用。

武術運動作為中華民族固有的一項體育項目，經由交流經驗，切磋技藝，對團結同道、增進友誼能起到一定的作用，隨著國際武術活動的增加，可以促進國際間往來，也有利於民族團結合作。

四、形意拳的發展趨勢

形意拳已經從中華民族體育運動中，逐漸走向世界。河北深州已舉辦過兩屆國際形意拳交流大會，山西舉辦過三屆全國形意拳邀請賽，全國各地的形意拳協會、（研究會）運動會，像雨後春筍，層出不窮。許多國際友人也紛紛來我國學習形意拳。

山西省形意拳協會在山西舉辦了 22 屆「傳統武術競賽暨散手擂臺賽」。1998 年在山西洪洞還舉辦了全國「形意拳規定套路」學習培訓班。這些都標誌著形意拳將被人們普遍接受，被人們所重視。

2001 年舉辦了山西首屆國際形意拳邀請賽。2003 年北京舉行了全國形意拳邀請賽。

國家體育總局武術運動管理中心把形意拳匯編成比賽規定中、高級套路，匯編了形意拳刀、槍、棍、劍比賽規定套路和五行拳、十二形拳規定套路，也已經在全國各地開始推廣，這說明了國家對形意拳的重視，這樣既對專業運動員提供了比賽項目，也為業餘愛好者提供了規範的運動套路，使形意拳沿著一個健康的道路發展。

形意拳的健康發展，使形意拳將向著具有民族特色的

全民健身方法，又有著向世界體育運動全面系統發展的方向，進行國際交流，傳播中華武術，確立了形意拳的社會地位和作用，將形意拳很快地傳播於全世界，成為全世界人們愛好的體育項目。

五、步入形意拳運動

我們研究形意拳，不單是為了比賽獲勝和鍛鍊身體，促進全民健身活動，更重要的是使傳統武術向現代體育轉變，是為弘揚我國優秀的民族文化遺產，使武術更完整地推向世界，奉獻給全人類，使我們的武術走向奧運會。

形意拳是一項綜合性技術，人體形象、意、氣運動較全面的一項武術運動，當人們認識它的特點、作用的時候，也許會對他產生濃厚的興趣，為能掌握自身對形意拳的技術有一定的渴求時，人們就應該加強各自的信心，下決心步入這個領域。對形意拳的鍛鍊只有熱愛它、喜歡它才會投身得更積極主動，只有經過了對形意拳理論與實踐體驗才會產生濃厚的興趣，並下決心立志為它的發展做出一點成績和貢獻，也才會熱愛這項運動，堅定自己的選擇，熱愛選擇的事業。

由國家體育總局武術運動管理中心匯編的形意拳各種規定套路在全國的推廣，使形意拳得到了普及和發揚，逐漸發展為我國全民健身活動的一項主要項目。

形意拳的基礎套路「五行拳」——劈、崩、鑽、炮、橫，最易操作，簡單易學，是男女老少都可以學的一種套路，並且有很高的鍛鍊價值。形意拳的站樁功更是對人們

鍛鍊意、氣的一種最易學、易懂、易入門的一種最科學的鍛鍊方法。

它的「五行拳」既可單練，又可對練，「十二形拳」也比其它拳種套路易學易懂，鍛鍊價值的科學性也很高，既能綜合十二形練成套路，也可單練各形各勢，以達到循序漸進的效果。

形意拳整體上講動作十分簡單，功夫很難練，但是形意拳規定的「三步功夫」——明勁、暗勁、化勁，即：剛勁、柔勁、化勁，更是為人們練形意拳提供了很好的方法、步驟，從一個動作上有了由簡到繁、由初級到高級，把武術功夫向高深層次推進提供了最科學系統、循序漸進的鍛鍊依據。

形意拳的「五行拳」、「十二行拳」依據陰陽五行，以序而生的原理，把最簡單的動作，精闢的總結於人體內臟的功能鍛鍊，貫穿於始終，它沒有初級到高級的套路鍛鍊過程，只有從初級到高深功夫的鍛鍊方法。

形意拳的動則變，變則化，變化無窮，不見而章，不動而變的出神入化的「三步功夫」，從始至終永遠無窮的簡單動作練習，便將人們引導走向武術功夫高深層次的境界，這也是形意拳最優秀的道理。

把形意拳作為全民健民活動去推廣、去發展是最有效的辦法，步入形意拳運動是「發展體育運動，增強人民體質」最易普及推廣的一個項目，並且最科學、最有收穫、最有意義、最有成就。

國家體育總局武術運動管理中心對形意拳整體套路的匯編，標誌著形意拳運動新的時代已經到來，說明形意拳

已從民族體育範疇中走出來，進入科學體育之中。

　　抓住國家規定套路的推廣有利時機，進行科學的訓練，在全國盛大的體育盛會上、武術賽事上和全民運動會上，把形意拳列入武術比賽項目之一，作為一個優秀的拳種也應該是這樣，把形意拳從全民健身活動中列入到競技比賽之中。

　　把形意拳運動學原理、武術技擊原理，結合武術運動實際和發展規律去研究、總結、完善，按著百花齊放的方針，使形意拳成為我國體壇上的一支勁旅，成為我國武術的優秀傑作。

第二章

形意拳椿功法「三體勢」

　　前輩們對形意拳萬法不離其宗的「三體勢」作為精闢的概括，可見「三體勢」既概括了形意拳的內涵，又總結了形意拳的特色。「三體勢」練至日久功深，則奠定了形意拳上乘功夫的基礎，學者不可輕視。

一、「三體勢」的動作要求

　　前腳腳尖向前，後腳腳尖外展 45 度，兩腳全部著地，後腳跟與前腳在一條直線上，兩腿微屈，大腿斜向下，兩膝微內扣，兩腳距離一小腿長（或兩腳半），重心落於兩腳之間（雙重三體勢）或略偏於後腿（單重三體勢）。前臂伸直肘微屈，五指微屈自然分開，指尖微扣後手靠臍，後臂靠肋，兩手虎口撐圓手心微凹，呈半陰半陽掌，前手高低與鼻平，目視前手大拇指（圖2-1）。

圖 1-1

二、「三體勢」的身形要求

似正非正，似斜非斜，不俯不仰，不偏不倚，背圓腰活，尾閭中正，鬆胯落臀，虛領提頂，氣沉丹田，收腹提肛，中正不偏，絕不可前栽後仰左斜右歪。含胸拔背，鬆肩墜肘，塌腕手靈，手高不過鼻，手臂前伸微屈勿挺，自然放鬆，兩腿非直非弓，膝扣襠嚴，腳趾扣地，兩腳蹬勁。

「三體勢」是指人體的上、中、下三個部位，「三體勢」又把人體三個部位分為梢節、中節、根節，「三體勢」把人體各部按照形意拳的特徵和要求，排成了一個最基本的而又完整的鍛鍊姿勢。「三體勢」的基本要領概括為：雞腿、龍身、熊膀、虎抱頭。即要求腿如雞——行步矯健；身似龍——翻騰自如；膀像熊——勇猛驃悍；頭如虎——抱頭撲食。同時要求鼻尖、手尖、腳尖三尖相對（圖2-2）。

武術前輩總結和概括了這樣兩句話「練武不站樁，等於瞎晃蕩；練拳無樁步，房屋無立柱。」「練拳不練功，到老一場空」。這形象地指出了樁功的重要性。

「三體勢」是形意拳最根本的樁功方法。天有

圖2-2

圖 2-3

圖 2-4

日、月、星；地有水、火、風；人有神、氣、精。這是天地之變化，人生存亡的決定因素。講人身之三體，除了頭、手、足以外，「三體勢」之本意還要講人體內在的神、氣、精，相互貫通的作用（圖2-3）。

　　形意拳「三體勢」椿法分為高架子、中架子、大架子3種三體勢站椿法，這三種高低不同的站椿法是對身體三個重點部位的勁力鍛鍊。至於小架子「三體勢」椿法，主要是有了較深的根基以後，為了求得下肢在以後的技擊實戰中，使進退、閃戰、攻防中得到敏捷輕靈的一種鍛鍊方法。在「三體勢」的椿功中又有練明勁、暗勁和化勁的三種練法。

　　總之「萬法出於三體勢」，「三體勢」椿功，既是內外相合的體現，也是精、氣、神、形的綜合鍛鍊，因此久站三體勢，明其規矩，才能從中得到深刻的體會，學者在站立椿功時應該左右勢互換練習，才能得以陰陽平衡，左右齊功（圖2-4）。

三、「三體勢」的意識要求

凝神定志，意守丹田，頭正豎項，兩目神斂，舌低上腭，口唇微合閉，牙齒微扣，做逆腹勢自然呼吸，鼻吸嘴呼自然柔和。呼吸不能喘促，莫令而聞，滌心息慮，氣息聲似有非有。呼吸時咽津提肛，呼吸專心一致，自然下行，息息貫入丹田。呼吸綿綿若存無聲無嗅，有形於外，注意丹田順其自然。進行意識調息，形神並練內外如一，和諧統一，協調配合，內外結合；心與意合，意與氣合，氣與力合，手與腳合，肩與胯合，肘與膝合，協調和順內外如一，六合之法。

「三體勢」也叫「三才勢」。在練「三體勢」時，兩肩鬆開沉勁，兩胯根塌勁，是肩與胯合。兩肘墜勁，兩膝合勁，是肘與膝合。兩腳蹬勁，兩手五指伸勁，是手與腳合。總而言之，是肩催肘、肘催手、腰催胯、胯催膝、膝催足，上下合而為一，渾然一體，正是斜，斜是正，陰是陽，陽是陰，陰陽結合。

內三合與外三合要內外如一，六合即是內外相合，內外相合即是陰陽相合。「人體為一個小天地，適合宇宙陰陽五行之理，人的身體內為陰外為陽，血為陰氣為陽，腹為陰背為陽，腳為陰頭為陽，無一不是陰陽，處處總有一陰陽，太極變化為陰陽，太極動而生陽靜而生陰，靜為本體動為作用。」

練「三體勢」，內以練氣，外以練勢，內外如一。最為注意要持之以恆、專一不離，這一點也是萬事成功的根

源。循序漸進練到精熟，眼意、心意、手足意三意相連，此語意義非常深奧，練到火候才有所感，有不可思議之感受，這也非過來人不能知，不能感受，不是用語言文字所能表達的。

拳譜說：「六合是內外相合，內外相合即陰陽相合，陰陽相合，三才因斯而生焉。以後無論各拳，各形開勢，皆用三才勢為主，熟讀拳經，深默溫習，法無不中。」

四、「三體勢」的風格及作用

「三體勢」鍛鍊，要求風格特點突出，樸實矯健、嚴密無華、身正不懈，完整不僵柔而不軟，完整和順威而不猛，神、氣、精兼備，以意運氣，以氣代意，以意領氣，精神所融，腳腿生根，姿勢優美。

「三體勢」的作用在形意拳中的地位及其重要，形意拳有萬法不離其宗之說來概括「三體勢」的作用，「三體勢」也是練形意拳功夫的基礎。

「三體勢」以練氣養精為基礎，內以養身，外以禦邪，是鍛鍊「三體勢」的精華所在，並統領著形意拳的特點，可以指揮著氣息活躍於全身，既練了氣又練了意，意氣相互增長與強旺齊周身與一家。

身體的關節肌肉四肢經脈體用一源，動靜一道，久練而身體的肌肉活動與臟氣管之間，就會建立起極其鞏固和協調的關係，形成意氣相隨，氣勁相合而氣血和暢，陰平陽秘，並能從中得到靈感和徹悟。

五、「三體勢」鍛鍊注意事項

　　鍛鍊「三體勢」是形意拳中的一種樁功方法，必須要氣、形、質具備而相融，渾然一體，潔內華外，使人體元神穩於周身。心意的運用，使全身氣血活動流暢，使四肢、五臟、七竅無閉塞處。

　　內外交修進行意識調息，統一全身體的功用，在內為意，在外為形，意為體而形為用，精、力、氣、骨、神互相融化，自然而然斂神聚氣，涵養正氣為先，調養靜心形體合一，善養浩然正氣，鍛鍊心意的統一，這是修身養性的關鍵，也是形意拳功夫循序漸進的敲門磚。也是按法學練形意拳，就功力而論的步驟。

　　身外形順者無形中自增力氣，身內中和者無意中自增靈氣。練時堅決不可自專自用，如若這樣則固執不通，若專求力凝滯不靈而練成死勁僵勁；若求重而沉重不活；若專求空則執泥不通；若專求輕浮而神意渙散。

　　要專氣致柔，放鬆全身肢體、肌肉、關節，要以心行氣，內意和外氣不可分離，氣垂丹田虛靜意境，舒適暢通，輕鬆愉快。奧妙在於默悟，悟性則生於無極，所以不可固執一端，要得到其妙而在於若有若無、若實若虛、若重若輕之意，從容中得到，無形中產生。意之成而形順，神奇，拳精，功成。

　　謹當切忌有害的動作姿勢，取消不當的動作形象，一定要注意有害姿勢練時要傷害身體，它就是：拙力、僵勁、努氣、挺腹、撅屁、駝背、己意擅改、斷章取意、故

弄功法、驕躁不謙。必須是力活氣順，虛心實腹。因此，練「三體勢」的過程也是對形意拳整體的理解和探索。

六、練「三體勢」的方法

形意拳功夫要以內功為上，而初學時必須以站習「三體勢」為先，每早晚練習時，必須選擇一空曠清幽之地，面向東方日出處或面向南方，夜間面向北方，先將肺胃之濁氣吐出數口，兩腳平排相距一尺餘，兩臂自然垂放，寧心定志，細調呼吸。

形意拳十分重視椿功練習，椿功主要是鍛鍊入靜和肢體放鬆，只有肢體能放鬆才能自然達到入靜，惟一能入靜才會體驗到體內「氣」的運動，固本培元、增強內勁、椿功是產生內勁的基礎。在站椿過程中，使肢體徹底放鬆，除去體內僵勁，才能節節貫穿。

(一)定步「三體勢」

身體自然放鬆，下蹲半馬步向左轉，呼吸自然。按照「三體勢」動作、身形和意識要求，掌握鍛鍊要領，切忌有害的姿勢。兩腳掌著地蹬平，滌心息慮，逆腹腔勢自然呼吸，聽氣自然下行，默記其數字，漸漸以次數少而增多，以練到百次為限，站至腳腿負擔至極可稍稍休息片刻，再度如前站習。總以將氣從肩腑下至運出，貫注兩掌指尖，以氣降丹田下至湧泉為要。

站立漸久腿力漸強，氣力皆順，站立小時自當不覺疾苦，真好比是不倒之墙。這就是不動步練習。

(二)活步「三體勢」

如果活步練習「三體勢」時，動作姿勢與前相同，以手腳相應，步進手出，步退手回，遵循鍛鍊要素，按照身形要求，突出風格特點。內外一致，無論是順走、斜走、轉走，以練步、固胯、堅膝為要，呼吸仍不可粗率，意氣總要相隨，手腳雙練，內外交修，內以練氣，外以練勢，既不前俯又不後仰，既不左偏又不右歪，一氣運轉始終不懈，勢正平穩，陰陽互用，剛柔相濟，體用一源，動靜一道，此種奧義日久練習自知其妙，不是語言可以形容說明清楚的。在活步練時，必須是手起吸氣，手落呼氣。久而久之拙力自化，內勁自生，此呼吸的真正辦法，是技擊家們的無尚妙訣，學者萬萬不可輕視。

不論是練定步，還是練活步，總要以循序漸進達到成功的目的，持之以恆以掌握精熟的功夫。

七、「三體勢」鍛鍊要領

練形意拳，站樁功是第一要事，不明這一點，就功夫而言，就不容易入門，更談不上深造。形意拳站樁功有「三體勢」，提水勢、獨立勢等以「三體勢」為要事。實際演練的第一要事首先要掌握鍛鍊要領，實踐和理論相結合，才能得法，不然一輩子也不知道其中精華，只知道皮毛架勢，練成「拳操」，也就失去了練形意拳的實際意義。

練「三體勢」六合最為先，姿勢要鬆勁，渾身要自

然，精神要圓滿。

(一)合

外形動作是內氣外發的必然姿勢，內外結合如一，成為六合，做到「六合渾然一體」就奠定了鍛鍊的基本功夫，所以必須六合。

1. 內三合：心與意合、意與氣合、氣與力合

心與意合：心念和意識的實施要取得一致，體內各部都要按照心意的合一，使其變化活動得到良好效果。

意與氣合：以意領氣，隨著自己的意念進行活動，把呼吸交換的空氣隨著自己心念和意識在體內運行，跟著呼吸的節奏，在體內環行，稱做「潛氣內行」，這就是意與氣合的效果。

氣與力合：自己身體內臟氣的活動與力的運動恰好配合一致，要達到呼吸徐緩細勻的要求，必須使出柔和不暴的力量，才能和意氣相得益彰。

合用才見精神，心一動意必隨，周身束抱三合，氣合連身之手。

2. 外三合：肩與胯合、肘與膝合、手與腳合

肩與胯合：就是根節要起到一致的主動力量，起到根節摧中節的作用，也就是鬆肩落臀。

肘與膝合：就是中節要起到一致的行動，起到中節摧梢節的作用，也就是墜肘膝扣。

手與腳合：就是梢節要起到一致的行動，起筋梢齊到的作用，也就是手伸腳蹬。

這樣在「三體勢」上才能集中表現在前後腳一條線，

肘膝一條線，手腳前後為一條線，鼻尖手尖一條線，目視指尖一條線，才能達到合，合為束，束為曲，曲為圓。背圓、腰圓、虎口撐圓、則尾閭中正，呼吸暢通，手有抱裹之力，精神貫頂，卿力推身，勇猛外宣。肘臂、手腕、兩膝要曲，曲如半月圓，才能勁力富厚，伸縮自如，用勁不斷。做到圓，才能達到抱，丹田抱氣不外散，心氣抱身有支柱，兩肋抱出入不亂。

只有做到抱才會達到兩肩扣前胸空闊，手背腳背扣則氣力推手，椿步力厚，牙齒扣則筋骨縮。做到了六合如一：左手與右腳相合，左肘與右膝相合，左胯與右肩相合，右與左同；以及頭與手合、手與身合、身與步合，心與眼合，肝與筋合，脾與肉合，肺與皮合，腎與骨合。

總而言之，一合無一不合，一動無一不動；周身束抱三合，五行發動四梢俱齊的束展，雙肘下護的顧盼，肘不離肋，手不離心的深刻地理解才會深入。

心有所感意必主動，技藝的運用全在於心動意發，心意連絡的自然，知變相應的合拍，都是內三合的集中表現，這些都是展現在心要毒如怒狸撲鼠，則能隨機應變；眼要毒如饑鷹撲兔，能以視察機宣，手要毒如餓虎撲羊，能先發制人。

這些就是練「三體勢」必須六合的道理。

（二）長

「三體勢」動作姿勢要求虛領提頂，含胸拔背，鬆肩墜肘，氣沉丹田，鬆胯落臀，從外表看都是六合姿勢動作勁力的表現，其實是把全身肢體放長，除去體內僵勁，使

身肢放鬆，產生彈性，形成內勁。

因為全身的放長，使精神也能自然提起來，因此，只有具備了放長的姿勢就不易發生努拙勁力的毛病，才為身手放長自然鬆開提供了條件。這就是說，把身肢放長，加強全身彈性，才可以進而成內勁，內勁生於彈性，彈性生於身肢放長。肢體如何放長呢？

1. 虛領提頂，氣沉丹田

所謂虛領提頂就是把頭向上頂的勁虛虛向上領起，不能有意上頂。氣沉丹田是把氣向下貫入丹田，在意識上就有了向相反方向拉開的意圖，使身軀有放長的感覺。頭向上頂有沖天之雄，使腎氣上達以養性，頭是一身之主，頭正項豎，頸項要挺，則頭部正直精氣貫頂。

舌低上腭，咽津提肛，吞尖向上頂有吼獅吞象之容，能導上升之氣，咽津能導下垂歸於丹田之氣，氣垂則氣降丹田，身穩如山。

2. 含胸拔背

含胸拔背要求胸部即不腆出，也不凹進，使胸部成為脊背拔長的支柱，脊背靠這一支柱加以拔長，脊背要挺則力達四梢，氣鼓全身，脊背要圓，其力推身，才會尾閭中正，精神貫頂，姿勢優美。

3. 鬆肩墜肘，塌腕手靈

鬆肩的主要作用是將臂部與肩部因下垂而接牢，臂與肩接牢才能使臂生根，同時由於墜肘，使肘與肩臂之間放長，兩肩下垂則臂長而活，臂攦肘前，兩肘下垂則兩肱自圓，能固兩肋。同時，由於塌腕，使肘與腕之間放長，而手掌向外頂，有推山之動力，則氣貫周身，力達四肢。

4. 收腹提肛，鬆胯落臀

這就是把腰部鬆沉直豎，把襠勁下沉，保持中正不偏，作為調節全身平衡的軸心，並作為主宰於腰的爆發力的來源。

5. 膝扣襠嚴，腳趾扣地

把腿步放長，腿站立在地面上，要想放長，要求在特定的襠嚴的姿勢下，表現在膝扣上，這樣膝扣使腿向外旋，由於襠部的收縮，使腿步的外側處於放長，腳趾扣地而要腳背扣，則樁步力厚，膝蓋要挺，則腿堅步穩，如樹生根。

從以上說明中看到：

> 「三體勢」鍛鍊是把肢體放長，產生彈性，形成內勁，這是不致於發生拙力、僵勁的基礎，也是形成上下合一、渾然一體的練形意拳功夫循序漸進的步驟。

(三) 正

練形意拳要學會和掌握基本功，練好、組織好套路，堅持鍛鍊姿勢正確、呼吸符合正確的要領，堅持持之以恆，即可體魄健全，袪病延年，修身養性，這是形意拳的根本。

掌握「三體勢」鍛鍊的正確性，就是形意拳基本功的正確鍛鍊。

1. 規　格

規以制圓、格以制方、不以規矩不成方圓，按要求練到精確掌握「三體勢」的鍛鍊要領，才算姿勢正確，「大

匠不能棄規矩」就是此意義。

2. 應　用

正確的動作姿勢掌握好了，才能真正的得到練「三體勢」的應用法則，實地操演發揮「三體勢」在套路和技擊的作用，以達到練「三體勢」的效果。

3. 腰　正

練「三體勢」要求必須立身中正，不偏不倚，不俯不仰，尾閭中正，頭正豎項，中正不偏，這些都主宰於腰。以腰為調節全身平衡的軸心，保持中正，就要保持腰部的垂直把腰部放正，脊椎節節鬆沉而虛虛對準，虛領提頂，氣沉丹田，含胸拔背，尾閭中正，保持腰正是技巧的關鍵。保持丹田放鬆，自然呼吸，才能體會到腰怎樣放正來達到腰正的目的，肢體保持中正，是身正不懈，勢正力圓的基礎，因此，腰正是練「三體勢」達到正確姿勢的真正要領。

八、形意拳的樁功法「三體勢」 是一種意氣運動

站樁功是指練功時人的肢體凝然不動，著重在人體內部臟腑的鍛鍊，維持著一定的姿勢，雖然外部肢體不動，但內部的臟腑經絡與氣血卻運動得很活躍，實際上也就是外靜而內動，主要以臟氣氣功能活動為主。

「三體勢」也就是形意拳的一種站樁功，「三體勢」在拳譜中也叫「三才勢」，是一種行氣練氣的姿勢，在練時以心行氣，以心發令，以氣奉令而行，形成一種意念，

先意動而後形動，這樣做到意到氣到，氣到勁到，動作沉著，久練之後氣能收斂入骨達到行氣最深入的功夫，因此「三體勢」是一種意氣運動，氣受意的指揮，武術家們把這種氣叫做「內勁」等，認為練到此氣出現，並掌握此氣，功夫才算到家。所以，在練「三體勢」時，對外部神態的表現要特別注意。

因為外部神態也就是內在心意顯露於外的表現，代表著內在的意氣，這種意氣外顯的中心環節，主要是將內在的意識貫注於外部姿勢之中，並使姿勢表現出注意力的專一，使意氣運動很自然地產生，使外部神氣和內部意氣得到協調，從而提高內在的意氣運動，反過來促進外部的動作。使精神自然提起來，把身手自然鬆開，把肢體放長，增加肢體的彈性，產生內勁。這也是它的一大特點。

動作技術的學習，是習練形意拳的第一步，掌握好無形的技能才是關鍵。幹任何事情，只要善於總結前人的經驗，遵循事物發展的規律，就一定會取得成功。要求氣沉丹田，形神並練，內外結合，剛柔相濟，重在功防技法，這些是練習形意拳的關鍵與實質，學者必須學會和掌握。

第三章

形意拳基本拳法

一、三體勢（起勢）

（一）身體直立，兩臂自然下垂，頭正項直，兩腳尖外展，腳跟靠攏呈立正姿勢，眼向前平視（圖3-1）。

（二）右腳向前進半步，左腳隨即跟進半步，兩腳尖向前，平行站立，腳距與肩同寬；同時兩臂屈肘向外，向上運行至兩掌與兩肩同高時，兩臂屈肘內旋，兩掌經肩前向下按掌至小腹前，兩掌掌心向下，十指相對，兩肘微屈，目視左前方（圖3-2、圖3-3）。

圖 3-1

圖 3-2

圖 3-3

圖 3-4

圖 3-5

（三）重心移左腳，左膝微屈，右腳向右側撤步，前腳掌點地，腳跟提起；同時身體左轉約 90 度，兩掌由腹前向左側前伸，臂微屈，右手掌心向上，左手掌心向下，目視兩手（圖 3-4）。

（四）上動不停，重心落於右腿，左腿回收半步，腳尖虛點地面；同時兩掌回收至小腹前，掌心向上，兩前臂

圖 3–6　　　　　　　　　　　　　圖 3–7

緊靠腹部的兩側，右腿微屈，眼向前平視（圖3-5）。

　　（五）左腳向前進一步，兩腿膝部微屈，重心略偏於右腿；同時兩掌向上提至胸前，臂內旋使掌向內翻轉向下，左掌向前劈出，肘微屈，掌心向前下方，五指自然分開，掌心內含，掌指高與肩齊。右掌落於腹前，拇指根節緊靠肚臍處。手腕向下塌勁，眼看左手食指（圖3-6、圖3-7）。

　　要點：①上體要正直，不前俯後仰，表情要自然，牙齒要扣，下頜略向後收。②兩肩向下鬆垂，前臂肘部下垂，不可伸直，食指要向上挑，虎口成半圓形，手心向裡凹；右臂小臂靠在腹部右側。五指撐開，腕部要向下塌勁。③胸部略向內含。背部肌肉要盡力向兩側伸展開。腹部要自然充實；臀部不可向外突出；④兩膝微向裡扣，前膝不要超過踝關節，臀部與後腳跟上下相對，腳趾扣地，重心略偏重後腿；呼吸要自然，身體要穩固。

二、五行拳

(一) 劈 拳

1. 預備勢

五行拳的預備勢均為三體勢（下同）。

2. 右劈拳

①由三體勢開始，左腳向前墊步（長約一腳）腳尖外撇約 45 度，膝部微屈，重心移於左腿，同時右腳提起停於左腳踝關節處，腳底與地面平行；同時右掌變拳，拳心向上，左掌收於小腹前，掌心向上，扶於右拳背下面。

②上動不停，左腿略蹲，同時右拳拳心斜向上經胸前由下頜處向前上方鑽出，路線呈弧形，小指向上翻轉，肘尖下垂，同時左掌扶於右拳內側，目視前方。

③上動不停，右腳前進一大步（抬腳不要高）膝部微屈，左腳隨即跟進半步，屈膝略蹲，重心落於兩腿之間；同時右拳臂內旋成立拳向前下劈出，高與心口齊，左掌隨右拳下劈時順勢變拳，拳心向裡收於小腹前，左前臂緊貼左腰處。目視前方（圖 3-8、圖 3-9）。

> **要點：**右拳下劈時，要與右腳落地協調一致，邁步時身體不可上竄，應保持平穩，身體不可前俯，臀部不要突出。

3. 左劈拳

①接上動，右腳向前墊步（長約一腳）腳尖外撇約 45 度，膝部微屈，重心移至右腿，同時左腳提起停於右腳踝

圖 3-8

圖 3-9

關節處，腳底與地面平行，與此同時，右拳變掌回撤於小腹前，左拳翻轉拳心向上，使拳背置於右掌上面。

　　②右腿略蹲，同時左拳拳心斜向上經胸前由下額處向前上方鑽出。路線呈弧形。小指則向上翻轉，肘尖下垂。同時右掌扶於左拳內側。目視前方。

　　③上動不停。左腳前進一大步（抬腳不要過高），膝部微屈。左腳隨之跟進半步，屈膝略蹲，重心落於兩腿之間；同時左拳臂內旋成立拳向前下劈出，高與心口齊；右掌隨左拳下劈時順勢變拳，收於小腹前，拳心向裡，右前臂緊貼於右腰腹處。目視前方（圖 3-10、圖 3-11）。

> **要點：**左拳下劈時，要與左腳落地協調一致，邁步時身體不可上竄。應保持平穩，上體不可前俯，臀部不要突出。

　　左右劈拳可反覆交替進行練習，往返趟數不限，最後打到起勢的位置，再回身做收勢的動作（以下均同）。

圖 3–10

圖 3–11

4. 回身勢

①劈出右拳,以後,兩拳變掌,右掌掌心向上,左掌掌心向下,兩掌相對,向左後方平擺,肘微屈,同時,右腳內扣,身體向左後轉體約 180 度,左腳腳尖點地,腳跟略提起呈虛步勢;②左臂外旋掌心翻轉向上,兩掌同時收回腹前,同時左

圖 3–12

腳略回收。③上動不停,左腳前踏落實,兩膝微屈,重心落於兩腿之間;略偏後,同時兩掌內旋,使掌心旋轉向下,左掌在上,右掌在下,左掌經胸前向前劈出,掌指高與肩齊,肘微屈,沉肩墜肘,右掌按落於腹前,拇指根節緊靠在肚臍處。手腕向下塌,目視左手食指(圖 3–12、圖 3–13、圖 3–14、圖 3–15、圖 3–16)。

圖 3–13

圖 3–15

圖 3–14

圖 3–16

> **要點：**轉身時，身體不可左右搖擺，兩掌平擺與轉體動作要協調完整一致。眼神要隨著轉體的方向轉視前方，不可低頭彎腰、前俯後仰，頭要上頂，如三體勢姿勢要求。

5. 收　勢

①左腳內扣，身體右轉約 90 度，兩手經腹前向右側平

擺，掌心向上，同時左掌心翻轉向上，兩臂略低於水平，目視右掌；②兩臂屈肘，兩掌經肩、胸前由下按至小腹前，兩掌變拳，拳心向下，拳面相對；同時左腳向右略收，使兩腳距與肩同寬，目視左側。③左腳向右靠攏，同時兩拳變掌停於體側，呈立正姿勢，目視前方。

（二）崩　拳

1. 預備勢

即三體勢姿勢，同前。

2. 併步右崩拳

左腳向前進一步，右腳隨之跟進一步。置於左腳內側腳弓後面，兩腿呈併步半蹲勢；同時兩掌變拳，右拳經左拳虎口上向前直線衝出，拳眼向上，左拳迅速回收停於肚臍左側，拳心向裡，左前臂緊靠於腰腹部。目視右拳前方（圖 3-17）。

3. 順步左崩拳

①左腳向前邁進一步，右腳隨之跟進半步，兩膝微屈，重心略向後移。同時，左拳經右拳虎口上向前衝出，臂微屈。右拳迅速回撤至肚臍右側。右前臂緊靠在右腰腹部位，拳心向裡，目視左拳前方（圖 3-18）。

要點：兩腿前進時，邁步要低，抬腳不要過高。落腳時，腳跟先著地，不要故意跺地；打出拳後，前臂要向前順，肘部下垂，小臂平直，大臂微斜，撐腰順肩，頭要向上頂勁，身體要穩定，不可忽高忽低，前俯後仰或突臀。

以上兩動可以連續向前直打，趟數不限。

圖 3-17　　　　　　　　　圖 3-18

4. 崩拳回身勢

（接左順步崩拳勢）①左腳尖盡量內扣與右腳呈八字形，上身右轉，同時左拳收回停於腹部左側，右拳不動，拳心向裡，目視前方。

②上動不停，重心移至左腿，隨即向右擰腰轉體約 90 度，右腿屈膝上提，腳尖外展。

③上動不停，借轉身擰腰之力右膝外展，右腳腳跟向前橫踹；同時右拳隨轉體蹬踹的同時，拳外旋貼身上鑽，由口下向前上方鑽出，左拳隨之亦上鑽停於右肘裡側。兩拳拳心均向上，目視前方。

④上動不停，右腳前落腳尖外展，兩膝微屈，呈交叉高歇步姿勢，同時兩拳邊內旋，拳心邊翻轉向下、變掌。左掌前伸向前劈出（變掌，左掌前伸向前劈出），肘微屈，指高同肩，右掌回收下塌停於腹部，目視前方（圖 3-19、圖 3-20、圖 3-21）。

圖 3–19

圖 3–20

圖 3–21

要點：崩拳轉身時，身體不可忽高忽低或左右搖擺，右掌上鑽與右膝上提蹬腿，動作要一致，左手前劈與右腳落地需整齊合一。

　　以下可繼續交替進行，向原地打回，往返趟數不限，最後打到起勢的位置，再回身做收勢的動作。

5. 崩拳收勢

①右腳向後撤一步，腳尖外展約 45 度，隨之左腳亦撤步，停於右腳內側，腳尖點地，腳跟提起，呈丁虛步勢；同時兩掌外旋，掌心向上回收停於肚臍兩側。

②左腳前落踏實，兩膝微屈，兩掌邊內旋，邊向前劈出，左掌指高與肩平，肘微屈，右掌下按於小腹部，大指根節緊貼肚臍處，掌腕下塌，身正步穩，目視前方。

要點：左腳的回撤與前落要與兩掌的回收前劈協調一致，不要有先後之分。精神要貫注，頭正、項直、舒胸、實腹、斂臀。身體左斜約 45 度，使之看正似斜，看斜似正。四肢肘、膝微屈，有似屈非屈，是直非直之勢。前腳腳尖向前要順，後腳內扣約 45 度，兩腳踏實有力，重心略偏重於後腿。

（三）鑽　拳

1. 預備勢

起勢同前三體勢。

2. 右鑽拳勢

①左腳向前墊步，腳尖外展 45 度，隨即重心前移至左腿。右腳向左腳靠攏，右腳弓停於左踝處；同時右掌變拳，由下向左、向上再向右反臂下壓，使拳心朝上，左拳則從前向下、向左、向上再向右畫弧至身前，掌心朝下。

②上動不停。左掌繼續下按。同時右拳經左掌腕內側處屈肘向前上鑽出。拳心朝上，力達拳面，高與鼻齊。左掌隨即變拳停靠於小腹前。目視右拳，與此同時，右腳上步踏實，膝微屈，呈順步右鑽拳勢（圖 3-22、圖 3-23）。

圖 3-22　　　　　　　　　　　　圖 3-23

要點：右拳反壓與左掌下按動作要連貫圓活，協調和順。鑽右拳與左掌搬按後變拳，動作要與右腳前落完整一致，不可有先後之分。

3. 左鑽拳勢

①右腳向前墊步，腳尖外展 45 度，重心前移至右腿，隨即左腳提起向右腳靠攏，左腳腳步弓停於右踝處；同時左拳由下向右，向上再向上畫弧，反臂下壓，使拳心朝上，右拳則回撤向下，向右再向上畫弧，至體前時臂內旋，拳變掌。②上動不停，左腳前落一步，腿微屈踏實，同時右掌繼續向下搬按握拳靠於小腹肚臍處。拳心朝下，左拳則屈肘上鑽，拳心朝上，力達拳面，高與鼻齊。目視右拳（圖 3-24、圖 3-25）。

要點：左拳反壓與右掌下按動作要連貫圓活，協調和順。鑽左拳與右掌搬按後變拳，動作要與左腳前落完整一致，不可有先後之分。

圖 3-24

圖 3-25

如此左右鑽拳可連續進行，趟數不限打到起勢位置回身。

4. 鑽拳回身

①打右鑽拳之後，左腳向右腳後面倒插一步，前腳掌著地，腳跟提起，目視右拳。②上動不停，以腳跟為軸，右腳內扣身體左轉 180 度。③重心落於右腳，左腳向右腳

圖 3-26

圖 3-27

靠攏，兩臂向左畫弧至體前，左拳反壓，右掌下按；④然後左腳前進一步，屈膝踏實，右腿跟進半步；同時左拳上鑽拳面高與鼻齊，右拳收靠於肚臍處，目視前方（圖3-26、圖3-27）。

5. 鑽拳收勢

同劈拳勢收勢。

（四）炮　拳

1. 預備勢

起勢同前三體勢。

2. 右炮拳

①由三體勢姿勢，左腳向前直進半步，同時左掌微外旋。掌心斜向上方。手指向前。右掌前伸與左手心斜相對。隨即右腳用力蹬地，盡力前進一步，屈膝略蹲。左腳隨之跟進。並提起靠在右腳裡側踝關節外；兩掌在右腳前進的同時變拳撤回，緊靠腹部兩側，拳心均向上，目視左前方。

②左腳向左前方斜進一步，右腳隨之跟進半步。重心偏右腿；同時左拳經胸前，向前向上鑽翻，由拳心向裡轉為拳心向外，停於頭部左側眉後耳前。拳心朝外。右拳由

要點：①左腳向前直進與右手前伸要同時，右腳落地與兩拳回撤也要一致。②右拳向前打與左腳前進落地要一致；左拳上起時，要隨著身體的轉動先順著胸部鑽過鼻前，然後再向上翻轉，切不可橫著直接向上架，架起後拳勿過高。兩肩要平要向下沉，兩肘要垂，不可翻抬。

圖 3-28

圖 3-29

腰部順左腳前進方向向前打出，拳眼朝上，拳高與胸齊，眼看右拳（圖 3-28、圖 3-29）。

3. 左炮拳

①左腳向前半步，屈膝略蹲，右腳跟進，提起靠在左腳內側踝關節處；同時，左拳由前下落，與右拳同時撤回緊靠小腹部肚臍兩側拳心均向上；目平視前方。

②右腳向右前方斜進一步，左腳隨之跟進半步，重心偏於左腿，同時右拳經胸部，面部前方向上鑽翻，停於頭部右側眉後耳前旁，拳心向前，左拳由腰部順右腳前進方向向前打出，拳眼向上，肘部微屈，拳高與胸齊；眼看左拳（圖 3-30、圖 3-31）。

要點：同右炮拳。左右手相反。

4. 右炮拳

①右腳向前半步，屈膝略蹲，左腳再跟進提起，靠在右腿內側踝關節處；同時右拳向下落，與左拳同時撤回，

圖 3-30　　　　　　　　圖 3-31

緊靠肚臍兩側，拳心均向上，目視左前方；

②左腳斜進一步，右腳隨之跟進半步；同時左拳向上鑽翻停於左耳前，右拳向前打出，拳高與胸齊，眼看右拳。

以上練習可以反覆左右交替練習，趟數不限。

5. 炮拳回身

①打出左炮拳之後，左腳迅速向右腿後倒插步，腳跟提起，腳前掌著地，然後，以兩腳掌為軸，向左轉體約180度，右腳踏實左腳提起收靠於右腳內側踝關節處；同時兩拳隨體轉下落收靠於肚臍兩側，拳心向上，目視前方。②上動不停，左腳前進一步，右腳隨之跟進半步，兩腿屈膝略蹲；同時左拳向上鑽翻停於左耳前眉後，右拳向前打出，高與胸齊，肘部微屈，眼看右拳前方（圖 3-32、圖 3-33）。

6. 炮拳收勢

由右炮拳勢：①右腳後撤一小步，左腳隨之後撤，停

圖 3–32　　　　　　　　　　　圖 3–33

於右腳前呈丁虛步勢；同時兩拳變掌收於小腹部，掌心均
向上。

②左腳前進踏步，兩腿屈膝略蹲，呈三體勢步；同時
兩臂內旋，使掌心翻轉向下，左手在上，右手在下，左掌
經胸前向前劈出，掌指高與肩齊臂微屈，沉肩墜肘，右掌
按落於腹腔前，拇指根節緊緊靠在肚臍處，手腕下塌，目
視左手食指。

③左腳內扣，身體右轉約 90 度；右手經腹前向左側平
擺，掌心向上，同時左掌心亦翻轉向上，兩臂略低於水
平，目視右掌。

④兩臂屈肘兩掌經肩、胸前向下按落至小腹前，兩掌
變拳，拳心向下，拳面相對；同時左腳向右略收，使兩腳
距與肩同寬，目視左側。

⑤左腳向右腳靠攏，同時兩拳變掌停於體側，呈立正
姿勢，目視前方。

圖 3-34　　　　　　　　　　圖 3-35

（五）橫　拳

1. 預備勢

起勢方法同前

2. 順步右橫拳

①左腳向前墊步，腳尖外展約 45 度，重心前移至左腳。右腳提起，停靠於左腳踝關節處，腳底與地面平行；同時左掌變拳略回收。左肘靠近在左肋處。右掌變拳前伸。在身前置於左小臂下面。

②上動不停。右腳向前進步。左腳隨之跟進半步，兩腿微屈；同時右拳經左臂下方向前衝出，邊衝拳邊外旋擰

要點：當右拳向前衝出時，由拳心向下逐漸臂外旋轉爲拳心向上，左臂要向裡、向下扣勁。兩臂如撐繩一樣，不要有絲毫鬆懈，右拳既要有前衝的力量，又要含有向右側橫滾的勁。兩胯要縮，兩膝要扣，頭要頂，肩要鬆，右肩要前順，身體要穩，重心略偏後腿。

圖 3-36

圖 3-37

轉至拳心向上，拳高與胸平，肘部微屈，左拳撤回落於腹處，拳心向下，目視右拳（圖 3-34、圖 3-35）。

3. 順步左橫拳

右腳向前墊步，左腳隨之經右腳內側向前邁一大步，右腳再跟進半步，重心略偏於右腿；同時左拳擰著勁由右臂下向前衝出，拳心擰轉向上。高與胸齊，肘部微屈，右拳臂內旋回撤至臍腹處，拳心向下，目視左拳（圖 3-36、圖 3-37）。

要點：同右橫拳。

4. 順步右橫拳

動作同前右橫拳。

5. 回身拗步左橫拳

①打出順步右橫拳後，左腳迅速向右腳後插步，向腳前掌著地，腳跟提起。

②上動不停，以兩腳前腳掌為軸，身體向左後轉體

圖 3-38　　　　　　　　　　圖 3-39

180 度，重心落於左腿，膝微屈，右腳提起收靠於左腳踝
關節處；同時右臂隨轉體平擺至右前方。

　　③右腳向右前方前進一大步，左腳隨之跟進半步，兩
腳尖均向前；同時左臂邊外旋邊向前衝，使拳心向上，拳
高與心口齊，右拳邊內旋邊回撤至肚臍處，拳心朝下，目
視左拳前方，此為左裡橫拳（圖 3-38、圖 3-39）。

　　要點：右腳前進落步要與左拳裡橫前衝協調一致，一動俱
動，一停俱停，不要有先後之別。左拳向前衝出時，拳心要向
上、向外翻轉，右臂要向裡、向下扣勁，兩臂一出一入如同撐
繩一樣，不要有絲毫鬆懈，左拳既要有前衝的力量，又要含有
向右（裡側）橫滾的勁。兩胯要縮，兩膝要扣，頭要頂，肩要
鬆，左肩要向前送，身體要穩。

6. 拗步右橫拳

　　①接上動，右腳前墊半步，足尖向前，隨即左腳提
起，停靠於右腳內側踝關節處，腳底與地面平行。重心落

圖 3-40

圖 3-41

在右腿。

②上動不停，左腳向前邁一大步，足尖向前，隨之後腳向前跟進半步；足尖也向前；同時右臂外旋，拳經胸前與左臂相交向前擰轉衝出，拳心轉向上，高與心口齊，肘部微屈成弧形，左拳同時回撤，臂內旋使拳心翻向下，停於肚臍處，目視右拳（圖 3-40、圖 3-41）。

7. 拗步左橫拳

動作內容同前，惟方向相反。以上為左右裡橫拳的動作，可連續進行，趟數不限。

8. 裡橫拳回身

打出左裡橫拳後，稍停，右腳提起向左足內側扣步落地，身體向左後轉 180 度，隨即左腳提起順右腳裡側向左前方邁進一大步，右腳隨之跟進半步，重心偏右腿；同時右拳在身體轉動時由胸前經左臂下方向前擰轉衝出，拳心向上。左拳隨上體左轉撤臍腹處，拳心向下，目視右拳（圖 3-42、圖 3-43、圖 3-44）。

圖 3-42

圖 3-43

要點：轉身時，上體不要歪斜，兩臂要隨身轉動，右臂外旋，左臂內旋，互相撐勁；身體要穩定、靈活、快捷。其他要點同前。

圖 3-44

9. 橫拳收勢

①右腳後撤半步。左腳回收呈丁虛步勢；同時兩拳變掌收於腹前，掌心向上。

②兩臂上舉至胸前，再內旋翻轉向下，左掌前劈，右掌下按，同時左腳前落，兩腳踏實，呈三體勢。

③收勢同炮拳③④⑤（略）。其動作內容路線均同劈拳（略）。

三、十二形拳

十二形動作的預備勢、起勢、收勢均與五行拳的起勢、收勢一樣，這裡不另贅述。十二形的動作從三體勢姿勢開始。

（一）龍　形

1. 預備勢

①併步直立；②開步按掌；③三體勢。

2. 右盤腿龍形

①右掌臂上旋，經胸前和左小臂上方斜向左上穿，掌心向上，高與頭齊，左掌下落置於右肋部，身體微向左轉，左腳外展，膝微屈，右腿蹬直，前足掌著地，隨右掌上穿，足跟掀起，目視右掌。

②動作不停，右臂內旋從上向內，向下，在胸前與左手交叉，右臂在外，掌心向下，同時身體向左轉約 90 度。兩腿全蹲，交叉呈歇步勢，右膝頂在左膝窩處，臀部盡量下坐；同時兩掌向左右分撐，臂微屈，掌心向外，掌指向下，頭向右轉；上體盡量前俯，目視右掌。

> **要點：**穿掌與轉體、雙撐掌與歇步伏身下蹲，要求連貫圓活，蓄力飽滿，中間不要有停頓現象；兩臂要撐圓，力達掌根，身體前伏，要注意抬頭，塌腰。

③上動略停，上體盡量向左轉體。至左後方不能繼續再轉時，左手邊外旋邊經胸前上穿，使掌心向上，與右小

圖 3-45

圖 3-46

圖 3-47

圖 3-48

臂在胸前交叉。

④上動不停，左腳內扣約 180 度，身體亦隨之右後轉身，兩腿微屈，同時兩臂在身前內旋十字交叉。

⑤上動不停，兩臂內旋使掌心向下，隨之兩掌用力向左右分撐，臂微屈高與肩平，掌心朝外，掌指斜向身前；同時左腿直立，膝微屈，右腿屈膝上提腳尖上勾，目視左

圖 3-49

圖 3-50

前方（圖 3-45、圖 3-46、圖 3-47、圖 3-48、圖 3-49、圖 3-50）。

> **要點：**歇步盤腿，轉體要盡量低，幅度大，圓活，連貫；穿掌、分撐與提膝動作要協調一致，身隨步轉，手眼相隨。

3. 左盤腿龍形

①右腳前落橫踩，兩腿屈膝蹲呈歇步，兩臂撐掌不變。②上體盡量向右後轉體，至不能再轉時，右掌邊外旋邊經胸前向上穿，使掌心向上。與左小臂在胸前交叉。

③右腳尖向左內扣約180度，身體亦向左扭轉，右腿隨體轉逐漸起立，膝微屈，左腳腳尖虛點地面，同時兩臂在身前內旋交叉，掌心向上。

④上動不停，兩臂內旋使掌心向下。兩掌向左右分撐，同時右腿起立，膝微屈，左腿迅速屈膝提起，腳尖上勾，目視右側。

| 圖 3-51 | 圖 3-52 |

　　⑤上動略停，左腳前落橫踩，兩腿屈膝全蹲呈歇步勢；同時兩掌向左右分撐，掌心向外，掌指斜向下，目視右掌（圖 3-51、圖 3-52）。

> **要點**：同前，惟提膝前踩與歇步雙撐掌上下要配合協調。伏身時眼向前下方看，不可低頭彎腰，撅臀。

4. 縱跳龍形

　　①兩腿起立，左腳蹬地上縱，膝微屈，上體隨起隨向右轉。同時兩掌變拳收於腹前。右拳在裡，左拳在外。

　　②上動不停，右拳邊外旋邊向前上鑽，高與鼻齊，拳心斜向上，左拳收撤於小腹處，拳心向下；同時右腿屈膝上提，足尖外展，向前上方用力

圖 3-53

蹬踹，膝關節微屈，力達足跟，目視前方（圖3-53）。

> **要點**：鑽拳與蹬踹要同時進行，右腳蹬踹的同時，左腳盡力地騰空，上體略向前傾，不可後仰。

5. 伏地龍形

①兩腳落地，右腳向前橫落，全腳掌著地，兩腿屈膝下蹲，前後交叉呈歇步，左腳跟提起，前腳掌著地，上體略上前傾；同時右拳邊內旋，邊變掌回撤於右腰肋旁，掌心向下，掌指向前。左拳亦同時變掌，在右拳回撤的同時，掌心向下經右拳背向前下伸出，掌高不過膝，臂微屈，目視前下方。

②兩腿起立蹬地跳起，雙腿同時左前右後迅速在空中交換位置，落地呈歇步姿勢，左腳外展，全腳掌著地，右腳前足掌著地，足跟提起，上體略向前傾；同時右掌經左掌背向前下伸出，左掌回收於左腰腹處，掌心向下，前臂微屈，目視右掌前方（圖3-54、圖3-55、圖3-56、圖3-57、圖3-58）。

圖3-54　　　　　　　　　　圖3-55

圖 3–56　　　　　　　　　圖 3–57

圖 3–58

> **要點：**伏地龍形式，歇步下蹲時，後膝頂在前腿的膝窩處，臀部盡量靠近小腿。兩腿跳起換步要快，並與兩掌的前探後撤協調一致。定勢時，上體略前傾，扭腰調膀沉肩墜肘，頭正、項豎、塌腰。

6. 右三體勢

①兩腿起立微屈，重心移至左腿，右腳提起靠於左腳內側踝關節處，右腳尖輕點地面；同時兩臂外旋使兩掌心均朝上，收抱於腹前，小指側緊在腹部。

②不停，右腳前進一步踏實，兩膝微屈，重心偏於左腿；同時兩掌上抬內旋，隨即左掌撤回收於肚臍處，掌心向下塌按，右掌前劈，掌心向前下方，臂微屈，掌指高與肩平，目視前方。

以下做(一)右盤腿龍形；(二)左盤腿龍形；(三)右縱跳龍形；(四)伏地龍形；(五)左三體勢等。

以上五動皆與前(二)(三)(四)(五)(六)動作及要點完全相同，惟方向相反。可左右連續進行練習。回身或收勢均須經三體勢過渡。方法同前。

(二)虎　形

1. 預備勢

同前（左三體勢）

2. 右虎形

①左腳向前進一步，右腳隨即跟進提靠於左腳內側踝關節處，腳底與地面平行。同時兩臂迅速外旋，兩手握拳由體前撤回至腰部兩側，拳心均朝上，目視右前方。

②右腳向右前方進一步，左腳隨之跟進半步，重心偏於左腿；同時兩拳拳心向裡，經胸前向上，伸到口前猛然向裡翻轉變掌，向右前方撲按，高與胸齊，掌心向前，兩拇指靠近，目視前方（圖3-59、圖3-60）。

要點：右腳前進動作要與兩掌翻轉前撲按動作同時完成。兩掌在向前接撲之前，要向上鑽，貼近胸部到口前，兩掌迅速向前撲出，要走一弧線，不可直著向外推，撲出後要沉肩墜肘，塌腰，挺頸，兩膝微裡扣。

圖 3-59

圖 3-60

3. 左虎形

①右腳向前墊半步，左腿也隨之跟進到右踝關節處，兩腿緊靠，左腳腳底與地面平行，兩腿屈膝半蹲呈右獨立步；同時兩掌變拳撤至腰部兩側，拳心向上，拳臂與腰部靠緊，目視左前方。

圖 3-61

②左腳向左前方進一步，右腳隨之跟進半步，兩腿微屈，重心偏於右腿；同時兩拳順胸部向上伸，拳心向裡，伸到口前猛然向裡翻轉變掌。向前按撲出去，高與胸齊，掌心向前，兩拇指靠近，目視前方（圖 3-61、圖 3-62）。

要點：右虎形，左右腳相反。

左右虎形可連續向前練習，數量不限。

4. 回身左虎形

①打出右虎形之後，左腳向右後倒插步，腳前掌著地，腳跟提起。

②以腳前掌碾地，身體向左後轉身 180 度，右腳踏實，左腳提起停靠於右腳內側，兩膝微屈同時兩手收抱於腰部兩側，拳心向上，目視前方。

圖 3–62

③左腳前進一步，後腳跟進半步，兩腿略屈，重心偏於右腿；同時兩拳經胸前翻轉變掌向前撲出。臂微屈，掌心向前，目視前方（圖 3–63）。

5. 收　勢

由左虎形變左三體勢，然後併步對拳，立正收勢。其動作路線、方法同前述收勢相同。

圖 3–63

(三) 猴　形

1. 預備勢

同前，起勢由左三體勢開始。

2. 猴形左勢

①兩掌握拳收於腰部兩側，拳心向裡，兩小臂緊靠兩肋，重心後坐，左腳尖微翹。

②動作不停，身體向左後轉體約130度，左腳尖外展，右腳前腳掌著地，腳跟提起兩腿屈膝相交呈高歇步勢；同時左掌經腰部外旋，經胸前、口前，撐裹上鑽，拳心向上，高與鼻齊，肘部微屈；右拳隨轉體停於腹前，拳心向下，目視左拳。

③上動略停，左腳不動，右腳向右後方跨一大步，隨即身體左轉，面向前方，兩膝微屈，右拳變掌前伸，左拳變掌下撤，兩手在胸前相交時，用右掌心擦擊左掌背，兩手心均向下，右掌高與口齊，左掌停在胸腹之間，目視右掌。

④上動不停，左腳向右腳後方撤一步，兩腿微屈，同時右掌下撤停於腹前，左掌前插，臂微屈，高與口齊，兩掌心向下，目視左掌。

⑤上動不停，右腳再向後撤一步，右掌前插，左掌後

圖 3-64

圖 3-65

收，同時左腳屈膝提起，膝高過腰，足尖自然下垂，成右
獨立勢；

　　⑥動作不停，左腳向前落地縱步，右腳迅速屈膝提起，
同時左掌前插，右掌下撤。

　　⑦不停，右腳前落踏實，兩腿微屈，重心偏於後；同時
左掌回收於腰腹前，右掌前插，高與口齊，目視右掌（圖
3-64、圖3-65、圖3-66、圖3-67、圖3-68、圖3-69）。

圖 3-66

圖 3-67

圖 3-68

圖 3-69

3. 猴形右勢

①接上動，兩手握拳，收於腹部兩側，拳心向裡，兩臂緊靠兩側腰腹部，重心後坐。

②身體向右後轉體約 130 度，右腳尖外展，左腳掌著地，腳跟提起，兩腿屈膝呈高歇步；同時右拳從腰部外旋經胸前、口前向上鑽出，肘微屈，拳心向上，高與鼻齊；左拳隨體轉停於小腹前，拳心向下，目視右拳。

③上動不停，右腳不動，左腳向左後方跨一步，同時身體右轉面向前方，兩腿屈膝微蹲，右拳變掌下撤，左拳變掌向前伸插。臂微屈，掌高與口齊。

④上動不停，右腳向左腳後方撤一步，同時左掌下撤收於腰腹前，右掌前伸，掌高與口齊。

⑤上動不停，左腳再向右腳後方撤一步，並迅速將右腿屈膝提起。同時左掌前伸，右掌回撤。

⑥不停，右腳前落縱步，左腿屈膝前提，同時左掌回撤，右掌前伸。

⑦不停，左腳前落踏實呈三體勢步，右掌回撤停於腹前，左掌迅速向前插擊高與口齊，目視前方（圖 3-70、圖 3-71、圖 3-72、圖 3-73、圖 3-74）。

圖 3-70

要點：以上猴形左、右勢要求動作過程要連貫協調，後撤、前縱快速靈活，體現出手腳和順，形神合一、輕靈、機警的特點；運動中，手臂前插要力達指端，擰腰順肩，前插臂先直後屈；定勢時要沉肩墜肘，含胸縮胯，手後撤時要有挒勁、按勁和採勁等，眼要隨兩手的交替伸縮轉動，精神貫注。

圖 3-71

圖 3-72

圖 3-73

圖 3-74

4. 猴形左勢

動作、內容同前猴形左勢。

5. 猴形右勢

動作、內容同前猴形右勢。

> **要點：**猴形左右勢各打 2 次，動作運作路線成斜十字形。在練習時，後一個猴形右勢要盡量打回原起勢位置。

6. 猴形收勢

①當打到猴形右勢結束時，左腳微撤，腳尖虛點地面，兩掌心上翻收於腹前，然後左腳前落踏實，兩腿屈蹲呈三體步，兩掌再向裡，向下翻轉劈出呈三體勢姿勢。

②身體右轉 90 度，兩腿開步直立，兩掌向外向內經身前下落至小腹前呈對拳，目視左側。

③左腳向右腳靠攏，同時兩拳變掌停於體側呈立正姿勢，目向前平視。

（四）馬　形

1. 預備勢

同前呈三體勢。

2. 右馬形

①左腳向前墊步，右腳提起靠於左腳內側踝關節處；同時兩手邊握拳，邊收抱於小腹兩側，拳心朝前。

②右腳向前邁一大步，左腳跟進半步，兩腿屈膝呈三體勢步；同時兩拳從腰間向外，向上畫弧，拳至肩前時臂內旋，兩拳從肩前擰轉衝出，拳心向下，拳腕略向下扣，高與胸齊，兩肘微屈，目視前方（圖 3-75、圖 3-76）。

圖 3-75

圖 3-76

要點：前腳上步要大，後腳跟進要快，兩拳舉臂撐裹前衝猶如馬之奮蹄；但舉臂不可過高，抬臂幅度要小，前衝拳要有抖勁，力達拳面，兩拳相距約 10 公分。兩膝略向裡扣勁，腰要塌，肩要沉，頭要頂，臀部要前送。

3. 左馬形

①右腳向前墊步，左腳隨即提起停於右腳踝關節處，同時兩拳邊外旋邊經腹部兩側，向外、向上運行至肩前，兩拳拳心向前。

②不停，左足盡量向左前方邁進一大步，右足隨即跟進半步，兩腿微屈呈三體勢步；臂內旋迅速向前擰轉衝出，臂微屈，拳心向下，拳腕略向下扣勁，高與胸齊，目視前方（圖 3-77、圖 3-78）。

4. 右馬形

同前。

圖 3-77   圖 3-78

5. 左馬形

同前。

左右馬形可連續交替練習。趟數不限。

6. 馬形回身勢

需練習至右馬形後進行。

①當右馬形雙拳衝出後，左足迅速向右後方插步，腳掌著地，腳跟提起；

②以右腳跟碾地，身體向左後轉體約 180 度，隨轉體重心落於右腿，左腿微提起，收靠於右腳內側；同時兩拳經腰側屈肘，上舉於肩，拳心向下，目視前方。

③不停，左腳前進一步，右腳隨之跟進半步呈三體勢步；同時兩拳從肩前向前衝出，拳心向下，目視前方（圖3-79、圖 3-80）。

7. 馬形收勢

同前（①呈三體勢、②併步收勢）。

圖 3–79　　　　　　　圖 3–80

（五）鼉　形

1. 預備勢

同前三體勢。

2. 鼉形左勢

身體微向右轉，再向左微轉身，左掌同時由前向下、向右、向上翻轉至面前，橫掌向左前方撐，高與眼平，臂呈弧形，掌心向前；右腳隨即收回停於左腳內側，腳尖著地；右掌掌心外旋翻轉向上，停在左腹前，目視左掌。

> **要點：** 左腳與左掌要同時收回，再向左邁出，運作要整齊一致；左掌向左前撐出時，掌的外緣要用力，腰要塌，頭要頂，身要正。左掌要有切勁、托勁。

3. 鼉形右勢

上動不停，右腳向右前方進一步，左腳隨之跟進停於右腳內側，腳尖虛點地面，兩腿屈膝微蹲呈左丁虛步勢；

圖 3-81　　　　　　　　　　　　圖 3-82

同時右掌向上經左胸、左肩弧形向右運行，至面前掌心翻轉斜向外，停於右額前，左掌由左側弧形下落，掌心翻轉向上停於右腹前，目視右掌前方（圖 3-81、圖 3-82）。

4. 鼉形左勢

左腳向左前方上一步，右腳隨之跟進，停於左腳內側，足尖點地，兩腳微屈呈右丁虛步，同時左掌向上經右胸肩部弧形向左運行，至面前掌心翻轉向外，停於左額前，右掌由右側弧形下落，掌心翻轉向上，停於左腹前，目視前方（圖 3-83、圖 3-84）。

5. 鼉形右勢

動作和要點同前右勢。

6. 鼉形回身勢

當打到右鼉形時：①左腳向右腳後倒插步，②然後以右腳跟碾轉，身體向左後轉體 180 度。重心落於右腿，左腳收靠於右腳內側，足尖點地，兩手不動。③不停，左腳向前進一步，右腳隨即跟進，兩腿微屈呈三體步，同時左

圖 3-83

圖 3-84

圖 3-85

圖 3-86

掌由下，向上內旋翻轉至面前掌心向外，橫掌向左前方外撐，高與眼平，臂呈弧形，右掌掌心翻轉向上，停在腹前，眼看前方（圖 3-85、圖 3-86）。

要點：向左後轉身時，速度要快，兩臂左右擺動要連貫，以腰帶臂，靈活不滯。

7. 收　勢

同前。①速退右腳，收左腳，然後左腳再向前踏步呈三體步，同時兩臂先仰掌收於腹前，再隨左腳前踏向前劈出呈三體勢姿勢。②併步收勢。同前。

(六) 雞　形

1. 預備勢

同前三體勢

2. 左行步穿掌

①左腳前進一步，膝微屈，右腿迅速跟進屈膝提起使右腳停靠於左腳內側踝關節處，足尖向前，腳底與地面平行呈左獨立勢；同時右掌從左掌下面前穿，肘微屈，掌高於胸齊，左掌順勢收於左腹前，目視右掌。

圖 3-87

②右腳再前進一步，膝微屈，左腿迅速跟進，左膝微提起，左足停靠於右腳裡側踝關節處，腳尖向前呈右獨立勢；同時左掌從右掌心下向前穿伸，臂微屈，高與胸齊，右掌順勢回收於右腹前，目視前方（圖 3-87、圖 3-88、圖 3-89）。

> **要點：**兩腳交替前行時要輕靈穩健，頭要正，肩要平，上體不可俯仰歪斜；前掌前穿時要有塌勁，回收時要有按勁，手足齊到，撐腰順肩，做到伸縮柔和、舒鬆、自然。

圖 3-88

圖 3-89

3. 右提膝蹬足

①左足前進一步，隨即右腿屈膝前提，高於腰腹呈左獨立提膝勢；同時兩臂由外向內在胸前十字交叉，掌心向裡，右手在外，左手在內。

②上動不停，兩臂內旋使掌心向外，兩前臂向左右分開；同時右腳向前用力蹬踏。

③右腳落地，兩腿屈膝呈三體步；同時右掌前劈，左掌下按呈右三體姿勢（圖 3-90、圖 3-91）。

圖 3-90

圖 3-91

4. 右行步穿掌

①右腳前進一步，膝微屈，左腿迅速跟進，屈膝提起，使左腳停靠於右腿內側踝關節處。足尖向前，足底與地面平行呈右獨立勢；同時左掌從右掌下前穿。肘微屈，掌高與胸齊，右掌順勢收於右腹前。

②左腳前進一步，右腿迅速跟進。屈膝提起，右腳停靠於左腳踝關節處呈左獨立勢；同時右掌從左掌下前穿，高與胸齊，左掌回收於左腹前，目視前方。

要點：同左行步穿掌，惟方向相反。

5. 左提膝蹬足

①右足前進一步，隨即左腿屈膝前提，高於腰部呈右獨立提膝勢；同時兩臂由外向內在胸前十字交叉，掌心向裡左手在外，右手在內。

②上動不停，兩臂內旋使掌心向外，兩前臂向左右分開；同時左腳用力向前蹬踏。

③左足前落，兩腿屈膝，同時左掌前劈，右掌下按呈左三體勢姿勢。

6. 馬步架撐掌

（金雞抖翎勢）接上勢，左腳內扣。右腳提起向右側橫撤一步，左足也隨之向左方拖拉，足跟向外撐勁，兩腿屈膝半蹲呈半馬步，重心偏右；同時右臂屈肘向右上方格架，掌心翻轉向外，置於右額角前上方，左掌盡力向左下方撐托，停於左膝上方，掌心斜向下，眼睛先看右掌再轉看左掌（圖3-92、圖3-93）。

圖 3-92

圖 3-93

7. 獨立下插掌

（金雞上架）①身體右轉，左腿屈膝上提，右腿起立，膝微屈，兩臂不動。

②上動不停，左腳原地下落震腳屈膝下蹲，右腿同時屈膝提起，緊靠在左腿內側，足尖上翹，同時，右掌屈臂經胸前向左

圖 3-94

下插，掌心向外，左掌自左下方經胸前向右肩上穿，掌心向裡，停於右臉前，指尖向上，目視前方（圖 3-94）。

> **要點：**左腳震腳落地，右腳屈膝上提與兩掌上穿下插要同時完成（不可有先後之分；兩臂要靠近身體，手指和手腕要挺直，身體要正直，頭向上頂，腰要塌，兩腿緊靠）。

8. 弓步挑掌（金雞報曉）

右腳前進一步，屈膝前弓，左腿隨即跟進半步，膝微屈；同時右臂上挑，高於鼻齊，腕部微屈，左掌下落於臍腹前，掌心向下，目視右掌（圖3-95）。

圖 3-95

> **要點：**右臂前挑，左掌下落與右腳前落要同時完成；右臂上挑時力達前臂，左掌下落時要有採勁、按勁，兩臂均需微屈。

9. 收　勢

①右腳內扣，左腳外展，身體向左後轉身 180 度，同時兩臂隨體轉向左後方平抹；②兩臂內旋掌心向上收於腹前，同時左腳略收，腳尖點地。③左腳前落一步，左手向前劈出，右手停於臍腹處，兩手心均向下呈三體勢姿勢。④右轉 90 度呈併步對拳勢；⑤立正收勢。（註：以上收勢均同劈拳收勢。）

（七）鷂　形

1. 預備勢

同前，由三體勢開始。

2. 左鷂子翻身

①右腳上一步，腳尖微內扣，同時右掌臂外旋向前上

穿掌，使掌心向上，高與肩。左掌順勢停於右肩前，目視右掌。

②左腳向右腳後方倒插一步，右前足掌著地，足跟提起，同時左掌屈肘從左腰肋間向後穿插，掌心向上。

③上動不停，右腳盡量內扣，身體向左後轉身約多半周；同時左臂邊外旋，邊向身後穿掌至掌心向裡側，臂微屈。右臂屈肘從右向上、向左，再向下、向前穿掌至右腰側，掌心向裡。

④不停，右腳向前一步，左腳外擺約45度；兩腿屈膝半蹲，同時右掌向前上穿托，左掌置於右腹前，掌心向下，目視右掌（圖3-96、圖3-97、圖3-98、圖3-99、圖3-100）。

圖 3-96

圖 3-97

圖 3-98

圖 3–99　　　　　　　　　　圖 3–100

　　要點：在轉體、穿掌過程中，兩腳轉動要靈活；無論動作運行過程，還是定勢，兩腿均須微屈，轉身穿掌要靈活，連貫，不可僵滯。

3. 右鷂子翻身

　　①接上勢，上體略向左轉，右腳裡扣，同時兩臂在胸前交叉上舉，左下右上，然後左臂內旋，屈肘上架頭部左上方，掌心向外；右小臂內旋，掌經胸前向右側推出，掌心向外，目視右掌。

　　②接上動，上體右轉約 180 度，右腳外擺，左腳向前上一步，腳尖微內扣，兩腿微屈；同時左掌外旋，由下向前上穿，掌心向上，高與眼齊，右臂屈肘收於胸前，目視左掌。

　　③接上動，上體左轉約 90 度，左腳盡力內扣，右腳向左腳後倒插一步，前腳掌著地；同時右掌經右腰側屈臂向身後穿插，掌心向上，左掌屈肘置至頭部左上方，掌心向

外，目視右後方。

④接上動，上體繼續右後轉約 90 度，左腳內扣，右腳外擺呈半馬步勢；同時，左臂順勢下落，掌心向內，停於左腹側，右臂外旋虎口向上，向前穿伸，肘微屈，目視右掌。

⑤接上動，左腳向前上一步，右腳跟半步，兩腿屈膝呈半馬步時，同時左掌由下向前上方托起，臂微屈，掌心斜向內，掌指向上，高與鼻齊，右掌心向下收置於小腹前，目視左掌（圖3–101、圖 3–102、圖 3–103）。

圖 3–101

圖 3–102

圖 3–103

要點：左右鷂子翻身上步倒插步，轉體，與兩臂上穿。後插、撐托要協調配合，連貫圓活，手腳和順。

圖 3－104

圖 3－105

4. 鷂子入林（順步炮拳）

①接上勢，重心移至左腿，右腳上步橫落足尖外展，兩腿交叉略蹲，左腳跟提起，前腳掌著地呈歇步勢，同時右掌變拳從腰部經左腕上方向前下衝出。拳心向上，左拳收於小腹前，拳心向下，拳、臂緊靠腹部。

②不停，右腳向前進一大步，足尖向前，左腳隨之跟進半步。兩腿微屈；同時右拳臂邊內旋，邊向前、向上、向外挑、架、撥、帶，停於右額前，拳心向外，左拳從身前直臂前衝，拳眼向上，高與胸平，目視左拳（圖 3－104、圖 3－105）。

> **要點：**右腳上步部衝拳時，上體不可前傾，臀部不要外突。上步架衝拳時，身體由縮而展、由低而高、由後而前，要有吞吐收放之勢，勇往直前之態。

5. 鷂子鑽天

①左腳向前墊步，腳尖外展，左腿微屈前弓，同時右拳下落屈肘收抱於右腰腹部，拳心向上，左拳外旋呈仰拳上鑽，高與鼻齊，肘尖下垂，目視左拳，②不停，右腳向前上一大步；屈膝前弓，左腿後蹬微屈；同時右拳外旋經胸前向前上鑽，高與鼻齊，拳心擰轉向上，左拳內旋經右前臂下屈肘收置於臍腹處，上體略向前傾，目視右拳。

③兩腳以腳跟為軸，足尖向左擺，同時上體左移，兩腿呈左弓步勢；同時右臂隨體移，從右上方經面前向左側弧形擺動至左肩上方時，左拳外旋，拳心向裡，經胸前從右臂內側向左上鑽，拳心斜向上，小指側盡量向上扭，高與鼻齊，右拳下落收抱於右腰腹處。

④不停，兩腳以腳跟為軸足尖向右擺動，同時上體右移，兩腿呈右弓步勢。重心偏右；同時左臂隨體轉由左向右經面前弧形擺動，拳至右肩上方時，右拳外旋，拳心向裡經胸前及左臂內側向體右側上鑽，高與鼻平，小指一側盡量扭向上，左拳繼續由右肩前向體前下落，拳心向下，屈肘反臂經腰肋部向身後擰轉至左胯處，拳心反轉向上，目視左拳。

⑤上動不停，兩拳繼續右上左下擰鑽，這時身體重心偏移右腿，上體向右斜；當拳鑽至兩臂似直非直時，兩足尖同時左擺，身體迅速向左扭轉，兩腿屈膝半蹲，左足尖向前，右足內扣呈三體步，同時右拳收抱於腰腹處，拳心向裡，左拳外旋，前伸使拳跟向上，高與腰齊，肘微屈，目視前方（圖 3-106、圖 3-107、圖 3-108、圖 3-109、圖 3-110）。

要點：①左右弓步轉體與兩拳的上下鑽翻要協調配合，眼緊隨主動拳的擺動而轉動。②上鑽之拳要有撐勁、鑽勁，下翻之拳要有按勁、扣勁。要求快速、連貫。最後一動，身體左轉要疾速，要使用腰勁，帶動四肢，同時完成動作。做到轉身變臉，手到眼到，動迅靜定。

圖 3-106

圖 3-107

圖 3-108

圖 3-109

圖3-110

6. 鷂子入林（順步炮拳）

同前（四）鷂子入林之①──②動，其內容和要點均同。

7. 收　勢

以上（一）至（六）動作連做兩次後，至最後一動作順步炮拳時，兩拳變掌，下落掌心向上收抱於小腹兩側，同時左足略內收，足尖點地，隨後左腳前踏落實，兩腿微屈，兩掌同時前劈按呈三體姿勢。再併步對拳，立正收勢。均同前。

（八）燕　形

1. 預備勢

同前，由三體勢開始。

2. 燕子束身

①左腿前弓，右腿後蹬呈左弓步，上體略向前傾；同時右臂直掌前伸置於左腕下方，兩臂微屈，兩掌腕部十字

圖3-111

圖3-112

交叉，目視前方。

　　②不停，兩足以足跟為軸，足尖向右擺，身體略向右轉，右腿屈膝半蹲呈右橫襠步勢；同時兩掌左下右上分開，左掌臂內旋向左側撐托，右臂內旋屈肘上架於頭部右上方，掌心均向外，目視左掌。

　　③上體微左轉，左腳尖外展向前，兩腿半蹲呈半馬步勢，左臂外旋直掌上托，右臂外旋下落，掌心斜向裡停於腹前，右肘緊靠右肋部，目視左手。

　　④右腳前進一步，足尖外展，兩腿交叉呈歇步；同時右掌變拳直臂向前下衝，拳心向上，左掌變拳拳心向下，屈肘與右臂在身前十字相搭，左手在裡。右手在外，目視前下方（圖3-111、圖3-112、圖3-113、圖3-114）。

　　3. 燕子抄水

　　①接上勢，右腳蹬地騰空上竄，左腿屈膝上提，足尖下垂；同時右臂直掌上挑，掌指向上，左臂下插，掌背靠近左小腿，掌指向下，目視前方。

圖 3–113　　　　　　　　　圖 3–114

要點：右腳蹬地上竄，縱跳要高，提膝要高，整體動作要在瞬間完成。

②上動不停，右腳落地足尖外展，右腿屈膝全蹲，左腿落地向前平撲，膝部伸直，兩腳全腳掌著地呈左撲步；同時左臂直掌順左腿前伸，拇指向上，置於左腿內側，右臂向後斜舉，與左臂成一斜線，上體前傾，目視左掌（圖3–115、圖3–116、圖3–117）。

圖 3–115

圖3-116

圖3-117

> **要點**：撲步與左掌下插要同時完成，撲步時臀部不可突出，左腿要伸直，左腳掌與右足跟均不得掀起。

4. 燕子展翅

①上勢不停，右腿挺膝伸直，迅速前提，腳底懸空停靠在左足裡側踝關節處，兩腿均屈膝微蹲；同時右臂內旋使掌心向下，向前抄，左臂回收在身前與右臂交叉（右下左上），然後兩臂內旋在胸前翻轉呈右上左下，拳心向下，十字相搭的左獨立勢。

②不停，右腳迅速垂直下落，屈膝震腳，左腿在右腳落地的同時，屈膝提起，腳掌離地停靠於右腳裡側踝關節處；同時兩臂分別向上、向外屈臂反扣，拳心向上，高與肩平，兩肘微屈下垂，目視左拳（圖3-118、圖3-119）。

③左足向前落地，足尖外展45度，隨之右腿再上一步，兩腿均屈膝呈三體步；同時兩拳變掌，右掌經身前向前劈出，左掌下按停於肚臍前，呈右三體勢姿勢（同前）。

圖 3-118　　　　　　　　圖3-119

5. 收　勢

身體左轉呈併步對拳勢。立正收勢。燕形完。

要點：燕形各動作之間可稍有停頓，但整個燕形要連續不斷地完成，燕子鑽天要盡量高縱；「抄水」要盡量貼地前掠。撲步不要停頓，要迅速提起，使之連貫圓活，一氣呵成，不要有停頓和上體歪斜的現象。

說明：燕形可連續重複練習，也可左右勢都練，左右內容、動作要點均相同，惟方向相反。

（九）蛇　形

1. 預備勢

同前，左三體勢。

2. 蛇形右勢

①左腳前墊一步，腳尖外展，後足隨之前移，前腳掌著地，兩腿屈膝下蹲呈左歇步，身體略向左轉；同時右臂

圖 3-120   圖3-121

屈肘上抬，使右掌從左腋向下插停於左胯旁，手心斜向後，左掌上抬停於右側臉旁，掌指向上，目視右前方。

②右腳向前方上一大步，隨即左足跟進半步呈低三體勢步；同時右臂直掌由下向右、向上撩挑，高與腰平，虎口斜向上，左掌撤至左胯旁掌心向內，上體略向前傾。目視右掌（圖 3-120、圖 3-121）。

3. 蛇形左勢

①右腳向前墊步，足尖外展，隨時即左腳跟進，兩腿屈膝呈右歇步勢，身體略向右轉；同時左臂屈肘上抬，左掌順右肩腋處，向下插，至右胯旁，掌心斜向後，右掌收於左臉側，沉肩墜肘，掌心向外，目視左前方。

②上動不停，左腳向左前邁一大步，右腳隨之跟進半步，兩腿屈蹲呈三體步；同時左臂直掌向左前撩挑，虎口斜向上，掌心向內，高與腰平。右掌下落收於右胯旁，掌心向內，目視左前方（圖 3-122、圖 3-123）。

圖 3–122　　　　　　　　　圖 3–123

要點：兩掌下插與上穿要緊貼身體，上步與撩掌要同時完成，直臂前撩時，臂外旋要有向上向側的撩拔勁，力達前臂，步到手到；兩臂要緊抱在胸前，頭要頂，腰要塌。

4. 蛇形右勢

同前。

5. 蛇形左勢

以上蛇形左右勢可連續交替進行。趟數不限。

6. 蛇形回身勢

①當打到蛇形右勢結束時，左腳步向右腳後迅速倒插一步，足掌著地，隨即身體向左後轉體 180 度，右腳步向內扣左腳提起停靠於右腳內側。

②不停，左腳向左前方上一步，右腳跟進半步呈三體步；同時左掌直臂向左前撩挑，虎口斜向上，掌心向內，臂微屈，右臂收於右胯旁。目視前方。

7. 收　勢

①左腳略收，足尖點地，同時兩臂外旋使掌心向上收抱於小腹兩側。②左腳前落踏實，兩腿屈蹲呈三體勢步，同時左掌前劈右掌下按呈三體勢姿勢。③併步收勢。

（十）鮎　形

1. 預備勢

同前，動作從左三體勢開始。

2. 鮎形右勢

①左腳向前墊步，右腳隨之提至左腿內側，緊靠在左踝關節處，腳尖上翹；同時兩掌邊外旋，邊向上，至頭部上方左右分開，畫一整圓，握拳收至腰部兩側，拳心均向上，眼向右前方平視。

②右腳向右前方進一步，左腳隨時只跟進半步，膝部微屈，重心偏於左腿；同時兩拳由腰部直向前下衝出。拳心向上，兩臂微屈，兩拳中間距離約 10 公分，目視前方（圖 3-124、圖 3-125）。

圖3-124

圖3-125

要點：①兩臂分開畫圓向腰收回的動作，要與左腳進步一致，落步要實，兩肘要緊靠肋部，兩肩要沉，腰要塌。

②右腳前進要與兩拳前衝整齊一致，臂不要伸直，腕部與拳心要保持平直，不可上翹或下彎，右腳要有頂勁，衝拳時身體要向後坐，抬頭、直腰。

3.鮐形左勢

①右腳向前墊步，左腳隨之提到右腿內側，緊靠在右踝關節處，腳步尖上翹；同時兩拳向上至頭部上方左右分開，畫一整圓，收至腰部兩側，拳心向上。

②左腳向左前方進一步，右腳隨之跟進半步，兩膝彎屈，重心偏右；同時兩拳從腰部向前下衝出，拳心向上，兩臂微屈，眼看前方（圖3-126、圖3-127）。

要點：同前。

圖3-126

圖3-127

圖 3-128

圖 3-129

4.鮎形回身

①打到鮎形右勢時，左腿迅速向右腿後倒插步，然後身體向左後轉體約 180 度，左腳提起停靠於右腳步踝處；同時兩拳分別從前畫一整圓停於腰腹兩側。

②左腳前進一步踏實，右足跟進半步呈三體步，同時兩拳向前衝出，高與腰齊，目視前方（圖 3-128、圖 3-129）。

5. 收　勢

同前。

（十一）鷹　形

1. 預備勢

起勢同前。

2. 鷹形右勢

①左腳前進一步，右腳隨即提起跟進；同時，兩掌變拳，右臂外旋經左胸向左肩上穿，使拳心斜向上，高與鼻

圖 3-130

圖 3-131

齊，左拳下落於腹前，拳心向下。

②上動不停，右腳經左腳內側向右前方上一步，左腳也跟進少許，足跟掀起。足前掌著地，兩腿屈膝前彎，重心在兩腿之間；同時右臂內旋下落，左掌順著右前臂內側向上伸，伸到兩掌接近時，兩掌同時翻轉下按，左掌前伸，高與腰平，右掌收撤停於右胯前方。目視前下方（圖 3-130、圖 3-131）。

> **要點：**右掌上與左腳墊步要一致，左腳尖略向裡扣；左掌前按，右掌後撤與右腳前落要同時完成，左臂不要伸直，兩掌如鷹之捉物，兩膝要向裡扣，上體略向前傾，並要豎頸，塌腰，沉肩墜肘。

3. 鷹形左勢

動作與要點與右勢完全相同，惟方向相反（略）（圖 3-132、圖 3-133）。

圖 3-132   圖 3-133

4. 鷹形回身勢

打出右鷹形後，左腳向右後方倒插一步，同時身體向左後轉體約 180 度，重心落在右腳，左腳提起停靠於經右踝處。不停左腳前進一步，右腳跟進半步，兩腿屈蹲，右足前足掌著地；同時兩拳變掌，右掌從左臂裡側上伸，至兩掌接近時，同時翻轉下按，右手在前，肘微屈，掌高與

圖 3-134   圖 3-135

腰平，左手在後，停於左胯前，目視前下方（圖 3-134、圖 3-135）。

> **要點：** 轉身要快速連貫，身體不可歪斜，上步與按掌要整齊一致，不要有先後之別。

5. 收　勢

①左腳回收半步，足尖點地，兩臂外旋，掌心向上收抱於小腹處。②左腳前落踏實，兩腿微屈呈三體步，同時左掌前劈，右掌下按呈三體勢姿勢。③身體右轉 90 度，併步對拳。目視左側。④立正收勢，目視前方。

（十二）熊　形

1. 預備勢

同前左三體勢。

2. 熊形左勢

①左腳向前墊步，左掌變拳回落於腹前，拳心向下；同時右掌變拳，臂外旋，拳經胸前向右上鑽出，拳心斜向上。②左腳不動，右腳提起向左腳靠攏，停靠於左踝關節處；同時左拳經右小臂上穿，兩拳心斜相對。③上動不停，右腳向右前方上一步，足尖向前，左腳隨之跟進半步；同時兩拳變掌邊翻邊轉，邊從左向上向右下方捋帶，停於右側腰腹部變拳，拳心相對，同時左肩膀盡量向右扭靠，目視前方（圖 3-136、圖 3-137、圖 3-138）。

> **要點：** 以上三動要連貫，一氣呵成。最後一動，跨步捋帶與膀靠要同時完成，整齊一致，體現出熊膀的威力。

圖 3-136

圖 3-137

圖 3-138

圖 3-139

3. 熊形右勢

①右腳向前墊步，左拳由下向右上鑽出，拳心向上，高於眉齊，

②左腳提起停靠於右踝關節處；同時右拳經左前臂上方向左前上方鑽出，兩拳心斜相對，

③上動不停，左腳向左前方跨一步，右腳隨之跟進半

圖 3-140　　　　　　　　　　　圖 3-141

步，兩腿屈膝微蹲，兩拳變掌邊翻邊經右前上方向左下捋
帶，停於左腰腹側，掌變拳，拳心相對；同時右肩膀盡量
向左扭靠，目視前方（圖 3-139、圖 3-140、圖 3-141）。

要點：同前，惟方向相反。

4. 熊形左勢

同前熊形右勢。（註：左右勢可連續練習，趟數不
限。）

5. 熊形回身勢

①打出右熊形之後，右腳略前移，左腳向右腳後倒插
一步，前腳掌著地，腳跟提起。

②兩腳以前腳掌碾地，向左後轉約 180 度，右腳踏
實，左腳提起停靠於右腳內側，兩膝微屈，兩拳隨體轉並
舉於右肩上方。

③上動不停，左腳向左前方進一步，右腳隨之跟進半
步，兩掌變拳，拳心斜相對，左上右下，同時右肩盡量向

圖 3-142　　　　　　　　圖 3-143

左側扭靠，力達肩膀，目視前方（圖 3-142、圖 3-143）。

6. 熊形收勢

①右腳向後微撤，腳尖外展約 45 度隨之左腳亦撤步，足尖點地呈左丁虛步勢，同時兩拳變掌，掌心向上回收於肚臍兩側，②左腳前落踏實兩膝微屈，兩掌邊內旋，邊向前劈出，左掌高於肩平，肘微屈；右掌下按於小腹部，大指根緊靠肚臍處，掌腕下塌，身要正，步要穩，目視前方，呈左三體勢姿勢。③左腳內扣，身體右轉約 90 度，右手經腹腔前向右側平擺，掌心向上，同時左掌心亦翻轉向上，兩臂側平舉，肘微屈，目視右掌。④兩臂屈肘，兩掌經胸前向下按至小腹前，兩掌變拳，拳心向下，拳面相對，兩臂微屈，同時左腳向右略收，兩腳距與肩同寬。目視左側。⑤左腳向右腳靠攏，同時兩拳變掌停於體側呈立正姿勢，目視前方。

第四章

打 手 歌

手從腿邊起	側身步輕移	形鬆藏式中
精神要飽滿	注意彼動靜	氣符心意行
勢動要神速	才黏即推吐	渾然不可違
內來援回救	外來柔化力	順勢牽可用
開勢打為主	先動其為帥	吞吐吸最奇
彼靜我則靜	彼動我先動	逼彼吸猛勢
手是兩扇門	全靠腳打人	從容運動中
擒攔扳正宜	招術相連貫	三盤必連擊
肘手腿相連	出拳至無拳	無形變化中
你剛我則柔	你柔我則走	動靜如兒戲
殘軟貼近其	內外奇相隨	踩準中門逼

第五章

形意五行拳在搏擊中的應用

　　五行拳屬行意拳之母，五行拳以「陰陽五行」學說之原理，以陰陽生剋的道理、陰陽互易為攻防含義，以「五行」相生相剋的原則，用於搏擊和實戰技擊中。

　　下面將五行拳搏擊中的應用分別解析。

　　本著形意拳技擊應用出手就橫的原則，下面首先析解橫拳在搏擊中的應用。

一、橫拳在搏擊中的應用

　　自由搏擊，在武術中叫技擊，技擊是我們勤勞智慧的祖先從生存、戰鬥、健身、防身的實踐中總結出來的，從廣義上講就是人們徒手搏鬥的總稱。

　　現代散打運動是武術發展到高級階段的具體表現，它是人們運用武術套路中的精華及整體動作中簡單易行的具有實戰技術性質的（如：踢、打、摔、拿等）招數，按照一定的規則，在規定的場地上進行保護自己，攻擊、擊倒、戰勝對手的方法和手段。技擊就是防守和攻擊，自我保護是技擊的重要環節，防守就是自我保護的總體，在技

法上，橫拳即是其中之一。

橫拳在形意母拳中為「五行拳」之首，按照「土能生萬物」，橫拳似彈練脾屬土，脾為「氣血生化之源」，「萬物終歸於土」，橫拳則是「五行拳之母」，「能生各拳，能克破各拳」的原理，橫拳在技擊過程中，陰陽互易，應用靈活，變化多端，實戰性強，簡單易行，有「起手橫拳實難防」的說法。

拳法中先顧後打與兵法中的後發制人是同一道理。在顧中則能防禦對手之力待乘虛而入，而且可借對方無力之手制伏對方，橫拳是先顧而後打的拳法，使防攻根本對立的兩個方面獲得高度有機的統一，把防守進攻兩個對立動作有機地結合為一個運動整體，成為技擊中的精華。

橫拳有裡橫、外橫之分，外橫為前手裡旋後手外旋，裡橫為雙手逆順旋，形成了起側墜撐絲勁，曲中求直，圈中圈柔中生剛，形成了一種撐、裹、鑽、翻、黏身以力抖絕的顧打之渾然整勁。

（一）橫拳在搏擊中的理法

武術家們在技擊中非常注重「內勁」的運用，也有「見招拆招」和「看勢打勢才為把勢」的說法，凡是習武者，都必須在技擊中有自己的絕招，一絕才有無所不絕。

所謂絕招，就是習武者透過武術運動鍛鍊，自己功夫到家，根據本人的體型、動作和基本功特長，結合自己的思維總結出來的，自己並能熟練地掌握運用，使對方無法適應、無法化解的一種組合攻擊動作招勢技法。這種組合打法也可以叫三盤連擊。

技擊中的攻擊方法，橫拳的運用較為簡單易行，實戰性強。橫拳主要具備滾勁、擺勁、彈抖勁，技擊無橫則身死體僵，因此人之動，必須寓橫之中，橫拳在運用中先顧而後打，橫進而順打，鑽橫擊順左右展轉。

武術運動各種拳術動作招勢（比如靠身掌、野馬分鬃、二郎擔山、葉底藏花、蛇形、倒口袋、抹眉紅、金絲纏腕等等）雖練法術名不同，運用在技擊中功架大小、勁路差異，與人遠近而異，但究至終極，基本手法在技擊中大致相同。

橫拳在形意拳中是形意母拳——五行拳中的一拳，凡習武者都知道「沒有規矩，不成方圓」，不是想怎麼練就怎麼練，而是必須遵循程序規律，循序漸進。先進行武術動作及套路的演練，直至攻防運用的一招一勢。千里之堤起於土，沒有基本功的鍛鍊，直至三節功夫的形成，根基紮不穩，動作起來就會像萍草無根難得堅。

橫拳為五拳之母，既生其它四拳，又能克破諸拳，因此橫拳為五拳之要。橫拳變招極多，有滾轉開拓之勢，纏綿吸吃之勁，靈敏如盤中滾珠，呈左右之平面圓形，左右展轉切弧，鑽橫擊順吃緊不放，橫拳以進中盤可運用自如，攻防旋轉以中樞為軸，內外六合成一氣，其中真意滾盤球，無極為始，六合為終，這些都是橫拳在技擊中的變化及妙用。它的巧妙在於擺橫勁是一種全體擰轉的裹合之勁，每出一拳一掌，轉換進步都不可脫離的勁，橫勁的運用是貫穿在每一個動作中的。出手時有橫，入手時也有橫，落手時還有橫；起身時有橫，落身時還有橫；足進時有橫，足退時也有橫。

總之，凡動則由橫所生。由橫而起，拳譜中說「起鑽，落翻」，充分說明了橫勁拗鷲旋轉中產生化勁，以期用最小限度的力量產生最大的效果。綜合上述，橫拳在技擊中的運用妙在於滾轉，巧在於擺撥，訣在於彈抖。

(二)橫拳在搏擊中的運用

　　使用技搏和攻擊就叫做打，逢敵交手首先要具備一個良好的心理狀態，意識領域定要樹立狠打的思想，自信心是你正常發揮技術的重要環節，相信自己是強者，相信沒有自己戰勝不了的對手，有了最佳的心理狀態，才能全力以赴，發揮最佳的戰術和技術，從心理上增加自己的力量。要戰略上藐視敵人，戰術上重視一切。

　　與人交手時，一定要凝神聚氣，揣摸敵人的虛實和精神體格，注意敵人的動靜。在對方手一旦接觸我方時，就好比被火燒灼一樣，必須發出猛烈的抖勁，起手好比虎撲羊，這裡重要的是要突出一個「疾」字，才能取勝於對方。因此，非疾而不快，非疾而不毒，非疾而不狠，這種猛烈的抖勁非橫勁莫屬。

　　橫拳的妙用就在於前臂逆旋收回腹側，後臂陽手從前臂肘部沿下臂順旋，橫至腕部翻為陰手向前頂勁，它充分體現了肘不離心，保心護面的作用。

　　此招有五點：鑽、橫、壓、順、頂，前三者意在橫格壓住敵臂，是顧法為之守法。後一順法則轉為打法，乘勢直沖敵腹，對方來高手時則後格，後前臂直奪敵喉、胸，前腿外跨至敵腿後方，壓敵倒地。一般順步進退靈敏，拗步也可以有重心穩壓力大之優點。

橫拳可為顧法總稱，變招多端，以中橫為主，裡橫為採，外橫為捯；上則挑架，下則掃壓，也可變為撞、扳、刁、挒。挑架為抨，掃壓為挒，撞為靠，肘靠、肩靠要看對手來高手還是低手；扳、刁為纏繞，以橫拳滾轉，纏綿吸氣，轉滾左右，展轉左右之勢。扳手屬逆旋下壓，纏住敵腕，或單手刁敵手，以雙手裡橫挒敵肘、腕，牽向側後，使敵失重；順旋砸下，逆旋以小臂橫壓，來防守敵攻我下節敵手，中橫時可用順向對側抨擠，橫拳拿手只能用於擊之瞬間，一刁即打，使其失重傾跌。

（三）橫拳實戰技法

與人交手，要「宜將乘勇追窮寇」，以排山倒海之勢，眼疾手快，閃電勢窮追猛打，不給對手以喘息機會。

武術套路動作在技擊中的實戰應用，絕不能死般硬套，要把剛勁、柔勁、化勁運用得出神入化，高來就高，低來就低。武術三節功夫的掌握在運用中必須是得心應手，隨心所欲，一切都是從容中得到，無形中產生。特別是在技擊過程，一瞬間千變萬化，顧己打彼，每個動作和勁力都是在運動中變化而化。

橫拳的實戰技法奧妙的關鍵在於前、後手逆順旋轉，招招是橫，上鑽下翻，處處是橫，橫不見橫，「橫拳不見橫，橫露不為能」，遠不離手，近不離肘，拳掌翻轉並用。它的巧妙之處就在於動者橫生，它是既由剛勁出手，又暗藏著柔勁，還產生著化勁。

1. 斜身橫靠

占左進右，占右進左，不論對方如何進攻，不論與我

圖 5-1

圖 5-2

如何碰手，抓住時機旋化，快速進步落於對方側面，後臂
從對方臂下順進，橫於胸前，利用肩靠、撐腰、轉髖之力
將對方靠摔出。不論對方用腿、用手，特別是邊腿攻擊我
方時，關鍵領悟到其要領在於掌握前臂的旋化為捋勁，上
步與後手的穿臂要迅速，借進步的衝力和後臂的橫擺力，
撐腰、轉髖、肩靠要渾然一體，同時完成，三節整勁要極
力發放，後手的穿臂對方高來穿下，低來穿上，下打胸，
上打頸，這是最基本的橫拳實戰使用方法（圖 5-1、圖 5-
2、圖 5-3）。

2. 切脖橫拳

對方進攻我下盤時，我方前手旋化下壓，快速進步，
後手臂向對方猛烈順進，橫切對方喉頸脖子，靠身、壓
肘、坐髖，使對方失去重心，將對方摔出，左右進攻方法
相同，防守腿手相同，其奧妙在於要束身合體，要會運用
後臂進攻對方頸部的拗鸞肘、藏肘之巧妙（圖 5-4、圖 5-
5、圖 5-6）。

圖 5-3

圖 5-4

圖 5-5

圖 5-6

3. 橫拿夾肘橫抨

對方向我中盤進攻時，我方迅速前手旋拿對方手腕，或抓刁對方手腕，後腿迅速進步的同時，後臂屈肘夾住對方肘腕反關節用力切壓。利用橫勁扭腰展放向對方抨擊，使對方失去重心，將對方摔出，接住對方的左手，右手使用相同的左右進攻動作。我方上步與夾肘同時進行，對方

圖 5-7

圖 5-8

用腿進攻我時使用相同的動作。主要要領是橫拿與夾肘使用裡橫動作，使其反關節受壓（圖 5-7、圖 5-8、圖 5-9）。

4. 鸞肘橫擊

此動作如蛇行撥草、金蛇纏柳，以中來攔路、下來砸切、上來挑托為主要技法。對方與我接手，採取蛇的吞吐纏繞特點，先防守擊我之敵手和腿來之勢，前手順手牽羊，纏繞旋壓對方之手臂或腿法。我後臂順進就勢鸞肘橫擊對方耳門關，再就勢切、砸、擊對方的肘膝關節，而後束身側向，向敵下部進襲；如進身踏入中門，鸞肘則擊攻對方四肢與攻我關節之陰面。在進襲時另一手推置於自己對側肩上，擋住敵手，另一手由下節順步裡胯，而進敵襠挑起；首先注意先縮後伸，鸞肘攻擊時膀勁前靠，砸、切、橫、攔，前手插入敵襠時湧身而起，纏繞引伸，鑽隙而進，黏貼擠靠而發；鸞肘時也可順勢扭腰甩膀，將對方摔倒（圖 5-10、圖 5-11、圖 5-12）。

圖 5-9

圖 5-10

圖 5-11

圖 5-12

5. 上擊、下踩、中擊，三盤連擊

此動作為組合打擊技法。我方前手橫鑽對方喉、胸部位，對方接我手，我方即翻手裡旋壓對方之手；後手迅速橫鑽對方臉部或上盤各部位，後腿迅速與上橫之手同時提膝抬腳攻擊對方襠部，或下踩對方下盤各部位，也可用截腳攻擊；對方接我擊臉部之手，我方順手下捋裡旋下壓，

圖 5-13

圖 5-14

圖 5-15

圖 5-16

另一手外橫以一彈，反手向敵臉部甩掌彈抖抹眉，我方再
順勢起腳十字腿打擊對方中盤，即：「掏心腳」。（圖 5-
13、圖 5-14、圖 5-15、圖 5-16）。

注意：該動作要連續擊打，左右轉換，踩準中門，連連緊
逼。

圖 5-17

圖 5-18

6. 左右反手彈抖

這個動作也可稱左右抹眉紅，俗稱反手耳光。前手外橫防對方來手，化解對方擊我之勢，後手順手裡橫扇敵耳門關，反手彈抖反彈外橫，打擊對方面部，進攻時左右循環，反覆擊打。遠不離手，近不離肘，對方如展遠手與我交鋒，我以反手甩掌以橫彈之勁，抖絕之力，向對方猛烈打擊，快攻方法以此方法最為絕妙，對方防不勝防（圖 5-17、圖 5-18）。

7. 扳攔格肘，左右外橫

占左進左，占右進右，前手外橫扳對方，後手裡橫，以肘攔肘，攔肘反彈，順勢進步靠肘向外橫肘擊打對方胸、臉部，此動作屬快攻近打，以肘橫擊，左右連環，拗步進退（圖 5-19、圖 5-20）。

8. 展手就橫，不見橫

與敵交鋒，乘其不備，與其不防，突然襲擊，任何一手出手橫彈，反手打擊其臉部，不做任何招勢出手即攻擊

圖 5-19

圖 5-20

圖 5-21

圖 5-22

其臉面，但必須是外橫反彈（圖 5-21、圖 5-22）。

橫拳實戰技法，千變萬化，枚不勝舉，「拳精者自化」。

(四)橫拳勁節說明

橫拳具備滾勁、擺勁、彈抖勁，為主要勁力。

滾轉之勁，是陰陽互易變換的運動，也就是圓的運動，起時為橫，進要滾鑽，手以滾而出入，身以滾而進退，身起滾轉之勁，拳發滾鬥之力，陰陽相合互易，遍身上下是法。

擺撥之勁，擺似蛟龍擺尾，撥如蛇行撥草，擺在絕，撥要絕，一絕無所不絕，橫以順擊，順以橫破，「中來者攔格，上來者挑托，下來者砸切」，都離不開起手為橫，鑽時要擺，顧時要撥，擊時要順，「順不見順，橫不見橫，見橫不為能」，總要起橫不見橫，落順不見順，橫為順之母，順為橫之子，橫為順源，順為橫之用，因此橫拳之勁宜為順至，雖為擺撥，實為順發。

彈抖之勁，就是彈簧彈抖是急剛勁、冷脆勁，寸勁絕勁，橫以一彈，勁貴一絕，這是精、神、氣、力、功的綜合運用。

綜上所述，橫之妙在於滾轉，巧在於擺撥，訣在於彈抖，橫拳在運用中先顧而後打，以橫進而順打為主，這就橫拳之變化妙用。

二、劈拳在搏擊中的應用

劈拳是形意母拳「五行拳」之一，劈拳是一種反覆循環的立圓動作，在搏擊應用中，可以在攻防兼備等方面起到重要的技擊作用。

(一)劈拳在搏擊中的理法

劈拳化形為斧性屬金，因此取「有劈物之意」，五臟

之中屬金配肺，五官之中通於鼻，劈拳連環、陰陽循環屬一氣之起落，肺是周身氣之源，大丈夫以氣為本，氣和則體壯，肺氣凜然則氣足神旺，神旺則力大，因此，劈拳在搏擊技法中在精神、氣力、功等方面力求勁力和意氣相合為一，而得以整發。

劈拳外形似斧有劈物之意，凡劈物之斧必須具備一斧兩頭：一頭斧刃一頭斧錘，斧刃用於劈，斧錘用於砸。因此，劈拳在練法和用法上也就區別了以「掌為拳」、以「拳為拳」兩種，劈掌者以劈「虎拳」為法，以掌劈取了斧刃的一面，以拳劈取了斧錘的一面，兩者雖然在外形上不盡相同，但在搏擊實踐中拳理則是一致的。

劈拳在搏擊中，四肢氣勁合一，形成上下內外一股整勁，先搓後抖，迅如閃電，斬釘截鐵，將千鈞之力向敵身投去。劈拳由前劈翻轉到劈下按則是上打下進，在旋轉中產生擠搓之勁，牽動對手的重心，增強打擊效果。

在步法上當前腳將發未發之時，後腳著意蹬地而出，利用地面起步彈力增加衝勁，勁力從腳底湧泉，通過腰臀，一觸對方之身，全身力量下墜，反弓而起，將對手騰空擊出；同時不論是前腳上步胯裡或胯外，後腳即是貼近對手的前腿擠進，後腳發勁之意在對手的後腿，腳落手至腳手齊到，猛烈抖發。這樣在打擊的瞬間，腰部與上下肢向同一目標同時行動，並配合呼吸形成一種渾身一體的整勁，因而產生極大的打擊力量。

劈拳在搏擊中表現在氣足寬胸，顧打一氣，上擠下攻，擠勁著力在於胸，上鑽下翻之起落運動。劈拳在搏擊中，前手外旋從腹臍內側手心由裡向上鑽起，迎擊對方來

勢轉為內旋，手心向裡翻下用力按、捋對方之來勢，後手與前手並行而起同時外旋，在前手翻轉的同時經前手背上也轉為裡旋，即以上擁下按之勁向對方攻擊。

步法為順步、前腳外胯上步，後腳緊跟進步與上肢緊密配合，以全身整勁將對方擠出使對方失重，如此反覆連環進擊。從前手的上鑽轉為裡翻按、捋至後手的劈出這三個動作過程中，勁氣在同時的一呼一吸的循環之中，雙手起為手心朝上的陰拳，落為雙手的陰陽立拳，所以叫做「陰陽連環一氣之起落運動」。

（二）劈拳在搏擊中的運用

與人交手，事變當前，必須是勢隨意生、隨機應變。意是人體的本帥，在內為意，在外為勢，出勢的快慢全在於內意的調動。眼有監察之精，能明察秋毫。手有撥轉之能，手出拳發；足有行逞之功，腳靈腿捷。這都是意勢相合。

劈拳在搏擊中的運用，在技擊上分為兩大部分：發法和打法，而尤以打法為重，其中的發法就是一種身進力擠的發放方法；其中的打法包括裡劈、外劈、上劈、左右和前後劈，以及搓、撲、穿、砸、戳、斬、按等打法，同時還有擒、摔法等多種用法。

1. 劈拳的發法

劈拳的發法，主要以身先進靠抽身調膀，與對手著手即搓，打破對方防線，使對方重心移動，然後下按，用反弓而起的力量將對方騰空推起。

劈拳的發法有上發、下發、直發三種：上發是指對方

式高於我，我則低中望高，即是黏就而為，用低勢來攻擊對方高勢；下發是指對方比我勢低，我則高中望低，即用下栽之勁，用高勢來攻擊對方；直發是指對方與我站勢高低適中相差不大，雖然是直發但也不是直平前推，在於手的起與落之間仍有一個旋轉的弧度，不易被人看出的一種勁，所以，在形式上似乎成了一種直發動作。

以上的三種發人方法，雖為發法，發中有打，打發兼有。在運用中不論採用哪一種發法，都必須要觀察判斷準確對方的虛實，判斷對方手的出入，斷清對方進退，在進身時要黏得緊，發得狠，全身上下要配合得很好，內外相合一致，將對方一定要制的住、摧的動、拔的起，使對方上、中、下同時受攻，才能使對方被迫跌出。

在發放時頭頂項挺，肩扣膀撐，肘沉臂滾，手推腕塌，前腳要黏踏，後腳要蹬撐，前膝頂後膝挺，胯要有送勁，丹田要有吐勁，腰要有挺抖勁。身要有沖勁、合勁、寸勁，才能使劈拳的發放產生最大的效果。

劈拳的發人過程是一個起與落的運動過程，起為橫之始，鑽為橫之終；起為順之始，翻為順之終，腰起挺腰落塌，胸出閉含而虛。總之，起是去，落是打，起也打，落也打，是打發兼有的一氣之起落運動。

牆倒容易推。在劈拳發人時，要想像對方成為一堵將要倒塌的牆，必須把對方的梢節控制住，把中節摧起，把根節拔掉，一旦吃住對方就必須全身自上而下，腳落手落全面推進。就好比天塌下來一樣，形成一個使對方不可抗拒的完整之勁。

2. 劈拳的打法

裡劈多採用自己的雙手，在攻擊對方時走對方上肢之裡，用以攻擊對方五官各部位，傷害對方頸、喉、鎖骨、下頜、胸肋各部位的要害筋肌和脈穴；外劈是指在攻擊對方時走對方上肢之外，用以攻擊對方三叉神經、耳門關、鼻、喉、肩、腋、兩肋、肝脾、肘關節等各部位的筋肌和脈穴。左右劈主要是指自己左手和右手的中路打擊損傷對方肝、脾和肋間的軟骨，也使用挫、砸等手法攻擊對方胸肋部。上下劈主要是採用砸按、砍切等手法上攻五官心胸，下攻下肢中的筋骨。後劈和斜劈主要是轉身時的用法和側身時的打法，也可以用以雙手斜劈，這些都用於多對手時的打法。

劈拳打法中的「穿」，以出手為穿，翻手為扣；「搓」，以搓動對方肘關節和腕關節；「撲」，以掌撲面而去；「戳」，有捅的意思，意有敏捷銳利；「斬」，以斧劈化形為刀，斬是把勁氣集中在掌沿上向對方打擊；「抓」，有捉拿之意，拳心朝上，陰手出拳，橫鑽翻手為陽掌刁拿，也有迎面抓去之意，「一抓、二拿、三刁」，抓不住則不能拿，沒有陰陽變化則沒有制人之奧妙；「托」，以掌向上的豎頂和裡外的橫托；「塌」，在技法上主要是講一手做襯墊，另一手塌疊自己的手，而向對方攻擊的一種雙手同時襯塌的震動勁力。

劈拳中傷人的技法很多，變化莫測，有「翻手是雲，覆手是雨」的說法，拳譜中說「天地交合雲遮月，二人相戰蔽日光」，用以形容打擊技法的要點，講的是出拳以傷害對方眼鼻為要點。

（三）劈拳實戰技法

劈拳實戰技法的重點是發人辦法與打人辦法的綜合利用，以及陰陽互易循環立圓動作的起落運動在搏鬥中最基本的方法和要求。

1. 展長蓋劈

如對方採用甩手快打，我則必須把動作放長，展臂蓋劈，向對方劈頭蓋臉地劈去。以左腳在前，左腳向外橫移進步，左手為掌上鑽抨擊，橫迎對方來勢，與對方著手即內旋翻手下壓，右腳順步跟進，右手以陽拳從自己肩頭出拳向對方猛烈砸去，蓋打對方五官任何部位，不論蓋打著到對方臉部，還是對方快打的甩來之手，即反手折疊由自己胸前向前外旋，手心朝上用陰拳回首再砸，就勢借彈抖力順勢內旋下壓，連蓋帶捋，左手再採用同樣的動作反覆進行。這就是「翻手是雲、覆手是雨」的打法（圖 5-23、圖 5-24）。

圖 5-23

圖 5-24

> **注意：** 一定要在對方換勢之時借機封住對方，狠狠發放。
> 這裡需要說明的是，凡採用甩手快打者，有氣上浮而下盤空洞
> 的毛病，而我形鬆意緊，下盤堅實，抽身調膀是突出的優勢。

2. 退步劈拳

對方力大、個子高，來勢凶悍，我則閃身前手從腹臍
側上鑽，向外旋化纏繞對方來勢著手內旋順手牽羊。前腿
同時向後撤步，右手同時迎擊向對方喉胸部劈去；前手的
後捋與腿的退步嚴密配合，前手上鑽閃身翻手旋化，抽身
調膀勁力的運用一定要巧妙恰到好處，後手的迎擊一定要
去劈至切托頦（圖 5-25、圖 5-26）。

圖 5-25

圖 5-26

> **注意：** 絕不能退步停留，不論擊中與否，立即轉顧變招再
> 擊。

3. 上步劈拳

對方與我近距離對抗，以左腳在前，左手上鑽外旋，橫拳出手著住對方手，轉為裡旋下翻，右手與左手同時起手外旋，經至前手背與前手翻的同時轉為裡旋向對方搓去，雙手同時塌按上擊下攻，與對方

圖 5-27

著手即搓，極力發放。步法為順步，左腳向外橫移，右腳靠對方腿進步，右腳落與右手塌按同時完成，達到腳落手至，在右手上搓塌按時屈肘前捅增加打擊力度。右前腳在前惟右手在前，左手採用相同的勁路，以此動作循環進行，這是最基本的劈拳技擊方法，依此法與人格鬥，只有靠近敵身才能有力而有效，必須做到手腳一致，齊起齊落，沾

圖 5-28

圖 5-29

身縱力，進步合膝（圖5-27、圖5-28、圖5-29）。

4.劈蓋上攻　腳腿下攻

與對方相鬥，我以左手在前，左拳從胸腹前外旋以立拳向前砸劈，迎擊對方攻勢；左腳同時寸進，保持步穩而捷，步速而堅的基本姿勢。右手以陽拳手心朝下，從自己右耳前向對方蓋劈。右腳在右拳前蓋的同時，進步急搶硬踩，提膝抬腳向對方腰部以下各要害部位蹬戳。右拳下蓋住對方反手，借彈力回手從左臉前向外旋，以陰拳手心朝上拋劈，左右手以此法反覆進行。

以上動作必須分開剛柔，看對方遠近，審查對方斜正。當剛則剛，當柔則柔，這就是「三節分明，四梢俱齊」的技擊方法。但必須注意身法活潑，手不空走，腳腿相應。總以右拳右腳、左拳左腳上下相攻，出手似飄風閃電，反手似反弓發彈，腳起如兔子蹬鷹（圖5-30、圖5-31、圖5-32、圖5-33）。

圖5-30

圖5-31

5. 劈拳扼喉　雄雞刁嗉

當你差旅乘車，有流氓扒手向你侵犯，你可用最簡單敏捷的一個動作將對方制伏。

急起身用前手迅速極力抓刁對方歹徒持刀之手腕內側，並且使用暗勁下壓外旋（一般歹徒持刀以右手多見），在前手外旋的同時後手猛烈穿刺，抓住歹徒咽喉，上托死掐，將對方向背後旅客座背上死死壓按，使之腰部受損，並用腳攻擊其同伙（乘車間隙很小）此動作非果斷而不為。

平地而戰的對手，也可以用此法，但必須注意扼喉為前刺托抓，捏掐的手法可採用啄手，也可以用點戳之手法，步法為順進呈拗步前抓（圖5-34、圖5-35）。

6. 側身斜劈拳

對方以左手來勢，我則右腳順進，左腳向對方左側扣步進去；右手在前，左手在後，雙手同時外旋，從對方外側旋拿掩肘，雙手同時下翻，右手在下，左手在上，同時

圖 5-34

圖 5-35

圖 5-36

圖 5-37

內旋，將對方拿死，腳進手發和身進擊，重心在後，腰要
有挺抖之勁，使對方失重。左腳在前，占左進左，右手方
向相反（圖5-36、圖5-37）。

7. 先劈後斬

左手在前，占左上左；右手在前，占右上右。前手外
旋化解對方來勢，後手同時起手外旋向對方三叉神經捅

圖 5-38

圖 5-39

去，然後雙手同時順勢內旋，前手掩肘下斬，後手著力內旋，翻手以陽掌向對方頸部斬去，雙手反覆循環順勢完成（圖 5-38、圖 5-39、圖 5-40）。

8. 隨波逐浪，降龍伏虎

這是筆者在打法上的一種形容詞。在遇到對方化解能力很強，我方一時不能吃進，我則利用劈拳的立圓動作，氣行如遊雲，好似大海行舟，步行如狸貓，隨對方風波，逐對方浪頭，似水中潛龍漫遊，逼迫對方變換各種姿勢；我則在對方變勢之間，瞅準機會，看準空檔，將對方順勢用前手內旋向自己外側捋去，在捋按的同時，步法橫移撐腰以打虎勢用陽拳朝對方耳門關劈砸去（圖 5-41、圖 5-42、圖 5-43）。

注意：一藝精，勝過百藝通。劈拳的搏擊實戰技法很多，但都離不開前擠後掣、上擁下壓的正立圓一氣之起落運動，並有搶步黏胸、風捲牆根之勢。

圖 5-40

圖 5-41

圖 5-42

圖 5-43

(四) 劈拳勁節說明

　　劈拳的勁節貫穿著明勁、暗勁、化勁的綜合使用，在運用中有剛有柔，明暗緊相連，並且有過之而無不及，感觸圓中旋化的化勁。

1.劈拳的發勁

劈拳上發，用托勁將對方攛起，向上、向後跌出，使用暗勁；劈拳的下發，用切栽之陽勁使對方向後下方跌出；劈拳的直發用攛勁，攛中有起落，使用陰陽相合之勁，使對方向後方遠處跌去。

2.劈拳的打勁

劈拳的打勁關鍵注重斬、絕之勁。起鑽時使用擰、攛之勁，落翻時使用斬、絕之勁；進步時使用踩、踏之勁；黏實時使用撲、按之勁；吞要裹合，吐要展長，不論是擰、斬、切、踏、撲、裹、展都要有絕勁，即：剛中之急，急中之剛，一絕再絕，絕中之絕，絕者抖勁、脆勁、疾毒之勁。

這裡特別需要說明的是：在練劈拳時要注重三節功夫的三種不同勁節的練法，同時明確每一種勁節的來源、特性和它的應用範圍，在練習時有意識地去培養它、運用它，從而更好地適應在技擊搏鬥中對不同勁節的變換需要。

三、崩拳在搏擊中的應用

在形意拳中向前直衝的拳法叫崩拳，在搏擊中叫「直拳」，拳擊則稱「刺拳」，在練法上也叫「衝拳」，人們俗稱為「黑虎掏心」和「燒火捶」等，它是一種簡捷實用的拳法。

(一)崩拳在搏擊中的理法

崩拳在搏擊中主要是一種攻擊對方最基本的方法。崩

拳打擊以自然拳為主，在點法上採用直摜為主。

崩拳在搏擊中的打法，其主要目的是給予對方突如其來的巨大衝擊力量。所謂點法，是瞄準對方身體中穴位或某一部位，拳發於瞬間的攻擊。

崩拳是形意母拳五行拳中的一拳，崩拳似箭性，屬木，按照「練內配肝，肝氣通五官之中通於目」、「以木化形為箭」的五行原理，取箭的快速迅猛、衝穿銳利、穿林透物之意，「肝動如箭飛」之疾。

俗話說「肝火上升，火冒三丈」，肝屬木，木能生火，所以，肝若動則能促進心火上升，表現在五官上則有目疾之毒目為心之苗，目疾則心狠，心狠則手毒，手毒發拳才能有迅雷不及掩耳之勢。屬木為陽，崩拳的動作出入，有舟行浪頭之勢，其形似箭非箭，又稱「身如弩弓發，手似百箭穿」。

崩拳在拳法上出入中道，緊密相連。一鼓作氣，通往直前，「出拳一條線，不偏不離找要點」重在一個準字，「崩拳如射箭，打倒還嫌慢」重在一個狠字，「連珠崩拳似藥箭，拳拳意把敵臟穿」重在一個毒字。

總之，崩拳是一種強有力的攻擊手段，它爆發力大，主要攻擊對方頭部、胸部和腹部。直拳的重拳出擊，極易使自己失去身體重心，所以一般沒有機會不應輕易發出。應該掌握：卸力似開弓，出手如放箭，無形中爆發於一瞬間，絕不是以拳爬人，不過肉搏而已，根本談不到武藝上乘。應該懂得拳打一寸，引入一線，出奇制勝，應該知道，氣符心意，硬打硬進無遮攔。

崩拳在搏擊中好比實戰步槍獨刺，平衡而出，中打心

腹，側擊肋腹，上攻鼻耳，「手起如鋼銼，手落如鈎竿」，起者進落者退，起如箭，落如風，崩拳在搏擊過程中，前手順旋抽回，變為陽手，收於肋下，起到一種小幅度旋滾下壓敵手的作用，寓顧法於其中，以另一手出擊，出擊之手則以陽手逆旋打出，立拳出擊，以螺旋勁增加打擊力量，出擊時前腳前進，後腳跟進呈拗步前崩，顯示出抽身調膀之勢。

在技法上，左腿始終在前，但也可順步前崩，左右腿交替前進，或僅以拗步進擊，這樣跨步大，衝擊力也大，透過交換各種步法的組合運用，才可達到「見機而動，動而不疲」。崩拳的步法以滑步寸進為主要步法。

（二）崩拳在搏擊中的運用

與人交手，對方出手用招，絕對不可能按照自己的想像來變化，因此，必須是隨高就高，隨低打低，根據形式而隨機應變，把握住變化來因勢利導，不能按照自己事先計畫的招法與步驟來與人較量。對於技法的運用必須是不思不想，無意之中有真意，至拳無拳，出手即是妙招之境界，方為搏擊技法之功夫。

凡與人交手必須狠、毒、快，發拳必須要猛烈，變化要迅速，出入敏捷，身靈步活。崩拳在搏擊中的運用一定要體現出排山倒海之勢，精神要飽滿，注意力要集中，咄咄逼人，首先從精神上壓倒對手。

1. 崩拳在搏擊技法運用時要體現「拳發肩出向前攻」，主要是兩肩應向前摧發肘、手，兩肩要有一出一入的互換運動。如左崩拳時左肩向前摧，因此要出左肩，同

時要收回右肩，充分體現出身體的陰陽互易，兩肩的抽肩調膀。出右崩拳時右肩宜出左肩宜收。

2. 崩拳在搏擊技法運用時要體現「出拳磨手寸步行，身如弓弦手似箭穿」。主要是說在搏擊過程中運用崩拳，左右兩拳在出入互易中，一定要有磨擦的勁，兩肘要與肋磨，兩手要互為相磨，這就是在循環往來運動中的六合整勁。在出手的同時前腳進寸步，後腳也要跟寸步。前腳進時要有頂勁、踏勁、鑽勁；後腳跟寸步要有蹬勁、撐勁、追勁，要不然腳手不連，形神渙散，做不到勁整形齊，勢正招圓。腳進的鑽勁蘊藏著一種巧妙的躲閃技術，躲閃技術難度很高，要正確掌握時機距離，做到與拳的出擊緊密配合。

3. 在崩拳時主要還得有突襲的寸勁，腳、身、膝、拳都要有寸勁，內外上下都要有爆發的寸勁，所以說：「身如弩弓而突發，手似藥箭而突至」。所謂的寸勁，就是勁力到達目標前的一剎那間，發放出具有穿透性的衝擊力，也就是人們所說的剛勁，但也不是孤立的貫穿始終，而是要與柔勁、化勁相配合使用。

寸勁的發放是一個勁力爆發的火候，爆發得過早或過晚都會影響勁力的效果，一定要細心地體會和掌握「近在眼前一寸中」這個火候，才能爆發出如同電閃雷鳴般的急中之剛勁，而且是始有謀，終有效。

4. 崩拳無論是出手還是入手，都是用「拳」來作為整個運動的代表，崩拳的運用在出時柔達時剛，全在於寸間抖絕之中！一黏則進，進則相磨，也就是所說的「出手如鋼銼」。要在運動中創造進攻的機會，在接近對方身體時

要快、疾、猛、剛，爆發出抖絕之寸勁，也就是人們所說的暗勁，用以增大打擊對方的衝擊力，同時也是為了使對方難以防護和變化。

5. 必須正確運用，出拳時由陽手外旋呈立拳，拳的上平面與臂的上平線成為直線，所形成的出柔化彼，拳達至目標時成剛。入手回抽時內旋變拳面朝上的陽拳，出入交替，回手為化，出手是柔，發拳成剛。起落曲直相繼平，滾進滾入，曲中求直，連續不斷地渾然整勁。

（三）崩拳實踐技法

與人交手取勝盡在一瞬間。在二人搏鬥的時候，要攻擊對方的眼睛，二目傷損，則無觀察之明，完全喪失抵禦能力。

崩拳的實踐技法關鍵在於「兩手不離心，兩肘不離肋，兩手只在洞中藏，出洞入洞緊隨身」，這是與人搏鬥最基本的方法要求，這裡的洞指的是胯上、肋下、腹前，拳的出入總是在臍兩側的肋下，兩手不離心指的是虎口和心口，出手和入手都必須由心口而起，經虎口而出，兩手不離中心線的要求。出洞入洞緊隨身，是說出拳時要隨身而發，入拳時要和身而進，對方一旦有了漏洞，我則立即乘虛而入，急出我洞，入彼洞！所以說：「出洞如虎竄，入洞似閃電。」

1. 半步崩拳

左崩拳直擊對方頭部，左腳寸進，右腳跟進拗步，右崩拳直擊對方胃部。左腳寸進，左崩拳直擊對方胃部，右腳跟進，拗步右崩拳直擊對方頭部。左腳始終在前寸進，

圖 5-44

圖 5-45

右腳跟進，名副其實四拳組合半步崩拳（圖 5-44、圖
5-45）。

2. 順步崩拳

以左腳在前順步進身，左拳迅速崩出，順肩出拳，打
擊對方頭部或者胸腹部，用來試探對方，突破對方防禦，
左拳完成後迅速收回。在左拳收回的同時，右腳順步跨入
右拳迅速打擊對方頭部，以點法為主，攻擊雙目，左腳緊
跟著順進，左拳重
擊對方胸部心口
處。在重拳達至爆
發的同時，右腳跟
進催促發放，使對
方失去重心（圖
5-46、圖 5-47、
圖 5-48）。

圖 5-46

圖 5-47 　　　　　　　　　　　圖 5-48

注意：第二拳一點即收，利用擊中目標的反彈迅速回收，並且利用回手的內旋之力變爲顧法，防守對方迎擊之手，給第三拳創造良好的重擊機會。此法在練法上也叫一馬三箭。

3. 拳腳相交

左拳直崩對方胃部，左腳順進，右腳跟進，起腳直戳對方襠部，右拳緊跟崩向對方頭部，右腳落地的同時左拳中進攻擊對方防線，左腳跟進寸步呈拗步。第二拳擊到目標反彈回手在第三拳打擊後折疊向對方胸部重擊，右腳同時順步移動向左轉腰送髖，順力擰轉彈抖爆發寸勁，極力整勁衝擊（圖 5-49、圖 5-50、圖 5-51）。

注意：動作要協調，在右腳蹬踩落地時左腳跟進迅速移動，拗步與上肢極力配合，右拳的折疊反彈與擰身時，右腳原地移動要渾然發放。

圖 5-49

圖 5-50

圖 5-51

4. 指上打下

左腳在前寸進，右崩拳打擊對方防線，用彈抖勁來完成，左轉膝順肩擰腰調膀，完成動作。對方迎擊，重心迅速右移向後原地保持基本姿勢，身體右擰的同時左拳向對方小腹部打去。注意崩拳為木，木能生火，火為炮，化崩為炮，右崩拳出，回手上翻迎架對方攻擊，左拳乘虛狠力攻擊對方下腹部。重心原地移動完成，對方失重還手再打

圖 5-52

圖 5-53

圖 5-54

（圖 5-52、圖 5-53、圖 5-54）。

> **注意：**見機而行，遇大個子，指下打中；遇小子，指上打上；遇弱者，指中打中，任何時候都要靈活變化，得心應手。

5. 三拳兩腳

　　左腳在前順進，左拳直崩對方中路。右拳迎擊上崩，右腳跟進抬腿，前蹬對方小腹部，右腳攻擊後落橫步。左

圖 5-55

圖 5-56

圖 5-57

圖 5-58

腳緊跟抬腿，踹擊對方胸部，左腳側踹後落橫步，隨即落
左腳同時右拳直崩，右腳跟進呈拗步。右拳直崩要擰腰調
膀，順肩猛烈打擊，上肢與下肢的落橫配合一定要默契，
渾然一體。第二拳以點擊為主，第三拳為重擊，蹬腳、落
步、踹腿要快，飛腳側踹要有彈勁（圖 5-55、圖 5-56、圖
5-57、圖 5-58）。

圖 5-59   圖 5-60

6. 兩拳一腳

左腳在前，左拳直崩突破對方防守。左腳向外橫移，右拳同時上崩打擊對方頭部，右腿快步跟進提腿側踹；右拳崩和右腳踹基本是同時完成，這一動作叫釘腿，左右進攻惟方向相反（圖 5-59、圖 5-60）。

7. 順步直崩左右戳腳

左腳在前順進，右拳直崩。右腳順步進，左拳直崩，同時左腳跟進，抬腿迅速前戳，踢對方膝關節以下部位。當左腳戳踢而對方起腳後，右腳墊步飛腳戳彈對方任何部位，基本姿勢以左腳進，右拳直崩突破對方姿勢，以腳攻擊對方的腿（圖 5-61、圖 5-62、圖 5-63、圖 5-64）。

注意：腿步的動作，戳腳時腳尖勾起，大小腿由屈變伸、由下向上拋出，用前腳掌接觸對方身體部位時腳形不變，可以連續進行循環戳腳，前腳掌發力要快、要狠。

圖 5-61

圖 5-62

圖 5-63

圖 5-64

8. 以崩克腿

　　對方向我進攻，我左拳向前迅速迎擊，崩灌耳捶，以崩顧己。當對方用擺腿或邊腿向我打擊時，我左拳沉肘截化，踩準中門，右拳直崩對方大腿內側，並寸勁頂壓，或直崩對方髖關節裡側（圖 5-65、圖 5-66、圖 5-67、圖 5-68）。

圖 5-65

圖 5-66

圖 5-67

注意：掌握好以崩顧己、沉肘截化的暗勁之巧妙功夫，踩準中門和身而進之勇氣。所謂踩準中門，是指我方進腳時要不偏不倚，對準對方的中心線踏入。走裡是由對方腿足之裡而直入，走外是由對方腿足之側面而直入，在進時不論走裡、走外總要以自身上下的垂直中心線，對準對方身體的垂直中心線將身而踏，拳法與進步踩踏高度配合，攻其不備，黏身而進，進身而發招為人所不知。

圖 5-68

崩拳技法，一招絕無所不施，拳精自化，功夫到家自然而然，自然變化。崩拳攻擊招法變換完全可以直拳進擊屈肘反擊，跟步提膝頂撞，還可以貼背轉斗，插步換身磨膀頂肘，野馬疾蹄雙拳攻擊，追風趕月十字相交，發拳進招防守顧己，讓對方感到你彪悍無比，防不勝防。

(四) 崩拳勁節說明

崩拳以頂、擰、蹬、衝、絕等為主要勁力：

1. 頂　勁

主要是說，在出拳時全身上、中、下肢體在運動中要向前頂的勁力，項向上頂勁，頭部的天庭要向前頂勁，拳在打出時食指和中指向拳頂勁，前腿的膝關節向前頂。前頂是一種勁力，不是一種前推的動作，拳發頂勁形成內、外、上、下的爆發寸勁。

2. 擰　勁

主要是說，在進攻時抽肩調膀，發出肩與膀的擰勁，

以腰為主體促使胸部和背部的擰轉，帶動腿胯的擰轉，使臂和拳向前有了擰勁，形成了全身肌肉及內氣擰聚合一。直者無力，擰者增勁，就像擰麻繩一樣，把分散的勁力擰聚在一起，形成一個整體的合勁。

擰勁也就是螺旋勁或者稱螺絲勁，這種勁在運用中能從中得到速度和巧妙達到勁半功倍的效果，所以在打崩拳時一定要產生一種滾轉的擰勁，產生一個力量的集中點，得到的效果是從旋轉中求得勁力的集中，這樣就能產生一種極大的衝擊力和更深入的穿透力。

3. 蹬　勁

崩拳在進攻中，無論任何一拳的擊打，後腳一定要產生一種蹬勁，只有蹬勁充足，才能使勁氣起於後腳，循下肢而上於腰，由腰傳送到肩，肩順於肘達於手的內氣勁力。後腳之蹬勁可以摧發全身向前的衝勁。

4. 衝　勁

衝勁一方面講速度，一方面講勇氣，還有突如其來迅猛異常的思想。逢敵交手勇進者存，怯退者亡。身體的衝鋒，身為中節，中節進則上下和，體現了一個全身的衝勁和異常的衝殺力。

但是，必須強調崩拳打擊時，不能只顧向前衝而出現前栽之弊！要在發放的抖絕中，借調膀轉抖的回彈力，迅速恢復自身的中正和重心。

所以，回彈力有它的獨特用意，若無回彈力即有被領、捋傾跌之危險。這裡又體現了一個拳要直平而平順，肩要擰而順發，身要挺而弩發，肩按而順出，膀要順撐，肘要順摧，拳要滾旋而順入，身要滾而順進，手、足、鼻

要相對順列，形成銳利無比的六合之意。勁力的發放做到橫勁豎發、曲中求直，這樣才稱為一種順勁。

5. 絕　勁

絕就是抖的意思，拳未發首先要有穿透敵人身體的意氣，拳發出有一種剛中之急、急中之剛的抖絕勁。這種勁力要由小到大，先蓄後發，先鬆後緊，在接近對方身體的寸距離時，吐氣開聲，突猛爆發衝擊力和彈抖力，彈抖力要發放得最整最大。

抖絕勁也就是爆發力運用在「寸」中，這種「寸」勁，技擊家們稱之為「內勁」，有了這種內勁，就會在一瞬間產生它最大的、最集中的爆發抖勁。有了這種抖絕的寸勁，在發動進攻時才會產生連續不斷的運動，這也就是拳經中所講的「崩拳似如連珠炮」。

（五）練習崩拳應注意的要點

曾有過「半步崩拳打天下」的傳說，且不去考究其真偽，但作為習武者應該理解。崩拳在搏擊技法上，步法的配合是至關重要的，沒有步法的合理運用，達到技擊的目的是不可能的，因此，就崩拳練習提出幾點應注意的要點：

1. 步型步法

崩拳在練法上多採用半步崩拳，它是最基本的崩拳鍛鍊步法。就是左腳總是在前，右腳總是在後，出左拳時為順步，出拳右腳跟進，出右拳時左腳順步，右腳跟進，左腳順步寸進，右腳跟進呈拗步。這裡關鍵強調拗步的步型並不是依兩腳站立的方向、角度、尺寸而決定的，而是由兩腳與兩拳的互相交叉所形成的角度而決定，總是手與腳

相結合，使腳、手、鼻三尖為一線。在右拳前崩時身體向左擰轉 45 度，左拳向前崩時向右擰轉 45 度，形成半陰半陽的身型，達到似正非正，似斜非斜的椿法步型。但是，這種步法在技擊運用中，又有它一定的局限性，有它的進退遲緩，變化欠靈的缺陷。

為了彌補這一缺陷，在步法上應該增加順步崩拳、拗步崩拳、墊步崩拳、快步崩拳。快步的練法是前腳起，後腳平飛而進，左右兩腳互換而進；墊步的練法是前腳不動，後腳提起落於前腳前呈外橫步，前腳可以先變為橫足，這種步法可用於退法，掌擊多用此步法。

2. 手型手法

不論崩拳怎麼打，拳面下斜使虎口與前臂的上平面成為一條直線，拳心的中心線至腕部與前臂保持縱向一條直線，始終保持為立拳，不可歪斜，使鼻尖、拳尖、足尖列在一條縱向直線上，眼睛必須正視前方，決不可瞟渺斜視。

3. 內氣的動作

氣力在運動時，保持在一鬆一緊、一開一合的運動中，收手時吸氣，出手時呼氣，在上身擰轉時重點舒發肝氣。在鍛鍊時不要把勁力放得過鬆或過緊，保持一個陰平陽秘的自然過程，形成三步功夫的鍛鍊目的。

4. 旋圓之妙

崩拳練習，前手內旋收回，後手外旋崩出，體現了一個旋字，旋就是一個圈字，圈體現了一個圓字，離開了圓的運動，就失掉了技巧。圓的運動運轉在氣，變化在骨，提領在神，圓就是勁力的運用。

四、鑽拳在搏擊中的應用

鑽拳是形意母拳「五行拳」之一，鑽拳是一種曲中求直、先平圓而後立圓的動作，在搏擊應用中無論是進攻，還是反擊防禦，都具備很強的技擊作用。

（一）鑽拳在搏擊中的理法

鑽拳形似突泉，性屬水，五臟之中水為腎，五官之中通於耳。鑽拳是一氣上下流通曲折，曲曲流水，流水尋隙，水有無微不至、無孔不入之妙，鑽有「無物不透」之力；其拳快似閃電，其形似閃非閃，拳鑽如龍突然出水，又似泉水突然上翻。水為腎，腎為人體先天之本，有納氣、藏精、生骨髓的功能。人體腎精充沛，骨骼堅固，毛髮光澤，牙堅耳聰。腎水上升滋潤心火，使人體心腎相交，達到人體「陰平陽秘」，因此鑽拳在搏擊中有快速、迅猛、圓活柔韌之靈巧。

鑽拳有壓手鑽拳、掩肘鑽拳和一步兩鑽等應用技法，在步法上有順步鑽拳和拗步鑽拳之分。順步鑽拳是右手與右腳、左手與左腳同出；拗步鑽拳是右手與左腳、左手與右腳同出。在用法上也有連鑽帶栽的技法。在搏擊中不論採用哪一種鑽拳進攻，最重要的是丹田抱兩腎後逼！鑽拳進攻要在拳的突發時，腰要挺而塌，胸要出而閉，臂要滾而鑽，手要平而進，後腳蹬後腿要拔，使全身在一瞬間爆發出抖絕寸勁。鑽拳合力發放後仍復歸於兩腎放鬆。

掩肘鑽拳，特點是兩順一打。第一手為解法，將對方

刁我之手解開；第二手是解法乘勢換手掩對方之肘，扳住對方之手；第三手才還擊。壓手鑽拳當然就是根據情況一順一打，即當我手未被拿住，不捉對方之手，下截後即打。掩肘鑽拳就好比對方刁住我左腕，我則以右拳順沿左小臂向外旋，橫開敵手，再以左拳就勢外旋下壓掩對方之肘，此時右拳出手外旋向上，直擊敵鼻並以小臂為前導，湧身前擠攻對方胸膛，同時要腰腎向上湧動。

鑽拳以對方之鼻為標杆，自己的勁發自腎腰。在身法上先縮而後伸，先側而後正，曲中求直，有翻浪洶湧之勢的先平圓而後立圓的手法。腳落拳鑽，前拳取鼻，後拳肘進；前拳撤回，後拳奮進；前拳擊鼻，後拳擊心。在搏擊中鑽拳好比流水一樣，有無洞不入、無空不鑽、無孔不進、無縫不入之「無微而不至」。

（二）鑽拳在搏擊中的運用

鑽拳在搏擊運用中主要有 3 種鑽打辦法，即上鑽、中鑽、下鑽。在鑽拳的運用上，在顧法上有切截、點截、砸截、抓截、托截等用法。

1. 上　鑽

分為走對方裡面的正面鑽和走對方側面的側面鑽兩種：正面的上鑽主要是攻擊對方的鼻、目、三叉神經及面部各要害部位；側面的上鑽主要是攻擊對方太陽穴、耳門關、耳上髮際、腮等要害部位。

2. 中　鑽

主要分拳心朝上的陰拳和拳心朝下的陽拳兩種鑽打方法：使用陰拳中鑽主要攻擊胸腹以上乳根、下頜等要害部

位；使用陽拳的中鑽主要攻擊心口、胃脘等要害部位；中鑽側面的打法主要攻擊胸肋兩側要害部位。

3. 下 鑽

也叫下栽捶，主要使用陰拳攻擊對方腹、臍、肋軟骨、肝、脾等要害部位。

鑽拳除了以上的用法以外還有用食指、中指第二關節和大拇指關節點打以及使用貫拳。

（1）鑽拳顧法上的截，在搏擊中主要是指有截止、切斷的意思，就是指對方的進來之氣勁於半途而廢，從中間切斷截止住，以有利我方的鑽拳進攻。在進攻時手腳要配合密切，左手截則右手鑽，右手截則左手鑽，截鑽一定要快速、迅猛。

（2）鑽拳在步法上，有近距離的順步鑽拳進攻，有連環鑽拳使用的拗步鑽拳。在進攻時抽肩調膀，擰轉打擊，是四肢相合、膝與肘合、肩與胯相合的鑽拳連環的拗步進攻搏擊技法。

（3）在搏擊運用中以活步鑽拳為主要步法，要求步子要進退自如，輕靈敏捷，行動圓活，即步子要活，上肢要活，身子要活。身子活要轉換自如無滯，吞吐自然，起落如水泉上湧，如水翻浪，不停不息；上肢要活，活要曲直自如，變化靈敏，剛柔相濟，明暗相連，得心應手；活步鑽拳在搏擊中全身要體現形如流水，滔滔不絕，悠悠蕩蕩，見空就鑽，動似雷鳴，快似閃電。因此，鑽拳在搏擊中既可以正攻直取，又可以像流水尋隙，曲曲而行，因勢而變，見機而行。

另外，鑽拳在搏擊中多與崩拳相配合，這就是「木由

水生，一鑽即崩」的道理。

（三）鑽拳實戰技法

在搏擊中要獲得勝利，一定要知己知彼，絕不能橫衝直撞，要經過一番謹慎觀察，摸清對方底細，然後下決心，因時、因地、因人制宜，發揮自己長處，打擊對方短處，而奪取勝利。拳譜中說：「蓄意須防被敵覺，起勢好比捲地風。」也就是說，自己在動之機，不要把神氣顯露於外，好似無意之形，側身步輕移動，藏勢為中，相機而用。

1. 截手鑽拳

以左腳在前寸進，左手以陰拳向對方鼻杆鑽去，以打破對方防線。對方式必迎架，與我著手，我即內旋下截壓對方，同時右腳上步。我以右拳向對方拿陰拳，隨即以小臂為前導，朝敵面部狠鑽，上身前擁沉肘，腰部向上湧動。對方極力化解，我則以暗勁截壓回撤，隨即左拳點打極力奮進向對方再鑽。此拳用寸勁借彈力翻為陽拳向對方乳根中鑽，著力即下截壓對方迎擊之手，右拳隨即再進。步法要隨機應變，活步進擊，腳手配合，走裡走外，看勢打勢，就勢而為，好似「流水尋隙，曲曲而行」（圖 5-69、圖 5-70、圖 5-71）。

圖 5-69

圖 5-70

圖 5-71

圖 5-72

圖 5-73

2. 掩肘鑽拳

　　我以前手突進，用以試探，對方刁拿，我則以後手從前手小臂下向外內旋，翻手向外橫開對方之手，我前手就勢上手外旋回撤，掩對方之肘，扳手內旋。另一手外旋奮力向上鑽，臂滾直擊，湧身前擠，奮力攻擊，左右進攻。前腳橫移，占左進左，占右進右，換步奮進，進鑽不停，輕靈敏捷，行動圓活，起落好似水泉上湧，如水翻浪（圖5-72、圖5-73、圖5-74）。

圖 5-74

圖 5-75

圖 5-76

圖 5-77

3. 摜耳掩肘左右鑽拳

對方進擊，我前手上鑽迎擊，內旋翻手拿腕，我後手以立拳向對方耳門關摜去，順勢下壓外旋掩肘，就勢著力內旋外橫，掩肘同時前手外旋直鑽對方要害部位。

步法以拗步進擊，對方迎架化解，我則以化而化著手下截，後手極力再鑽。這一用法是掩肘鑽拳和截手鑽拳的綜合利用，左右進擊，前拳鑽鼻，後拳扣心，明暗相隨，無洞不入，無孔不鑽，見空就鑽，快似閃電（圖 5-75、圖

5-76、圖 5-77）。

4. 連環鑽拳

此法以寸勁抖絕為主，步法為拗步。前手以陰拳點打抖勁鑽出，著力再內旋翻手以陽拳彈抖再鑽，著力即內旋下壓對方迎擊之手；後手奮力以陰拳上鑽，著力沉肘下切，擰腕內旋反手以陽拳再擊，一著力對方反擊即向下扣壓。連環再鑽，步法靈活，寸步奮進，拗步硬鑽，因地制宜，因人而異，滔滔不絕，「無微而不至」（圖 5-78、圖 5-79、圖 5-80）。

圖 5-78

5. 上鑽下栽

點打上鑽，攻擊鼻目，著力內旋外橫，折疊向外攔對方之手，就勢下

圖 5-79

圖 5-80

鑽，栽鑽攻擊腹臍。另一手連迎帶鑽，反覆以上鑽、下栽來去攻擊，順步進去，換步以拗步變招，同時進腳手，腳落鑽至，緊密配合（圖5–81、圖5–82、圖5–83）。

6.鑽拳膝撞

採用壓手鑽拳，在後手前出屈肘同時提膝頂撞，對方退步，後腳迅速抬腿蹬戳對方膝蓋部位（圖5–84、圖5–

圖5–81

圖5–82

圖5–83

圖5–84

85）。

7. 鑽胸踩腳

採用掩肘鑽拳，中進打擊乳根，上鑽同時後腿踹對方膝關節，在落腳同時隨身就勢下踩對方腳背，拗步調膀，截手再痛擊。鑽拳回手下壓，踹腿、踩腳順勢黏就而為（圖 5-86、圖 5-87、圖 5-88）。

圖 5-85

圖 5-86

圖 5-87

圖 5-88

圖 5-89

圖 5-90

圖 5-91

8. 栽陰摜耳

　　右腳進，右拳鑽，對方刁拿格攔。我左腳後插步，左手由右小臂下反拿，右手內旋下抽，栽拳下鑽擊襠，右腳同時後退。擊襠之手著力，回手摜耳，捶擊對方耳門關，擰身下截壓對方迎擊之手，拗步再鑽（圖 5-89、圖 5-90、圖 5-91）。

注意：摜耳著力後，順勢下截即撑就鑽。

「鑽拳似電性屬水，生崩克炮手腳腿；平圜立圜陰陽轉，流通曲折手臂滾。」鑽拳技法進退自如，輕靈無滯曲直自如，不停不息，剛柔相濟，得心應手運用自如。

（四）鑽拳的勁節說明

1. 鑽有兩個含義

一是鑽有如流水尋隙之巧；二是鑽有輕勁省力之巧。水有無微不至之靈，鑽有無物不透之力；鑽有無孔不入之妙，鑽有增勁增速之快。鑽既可以直而正取，又可以蜿蜒曲行，因勢而變，見機而行。

2. 捷　勁

這是敏捷的意思，氣勁一致，輕靈急巧，行如流水一般無遲、無緩、無僵、無滯，圓活輕巧。步活如猿之靈，手活如蛇之行，身活如龍之躍。

3. 擠　勁

這是在未爆發出鑽拳寸勁之前，借助出上肢的一種暗勁，運用擠勁轉暗為明，合己從人。

4. 撑　勁

這是滾轉的意思，撑有改變運動方向、角度、勁力的作用，撑的本身是一種圓的運動。陰拳鑽變陽拳鑽時都有一個旋轉撑滾。

5. 突　勁

這是突然、快速、猛烈的意思。意要突而領勁，氣要突而領發，身要突而猛進，步要突而猛踏，拳要突而猛

擊，就好像湧泉趵突一般，迅猛而突然，但是突勁的運用火候，同樣在於寸勁之間。總之鑽拳突然爆發，一在於寸勁之中，二在手前拳落翻平進之中。

五、炮拳在搏擊中的應用

炮拳是形意母拳「五行拳」之一，炮拳是一種挑頂束身、左顧右打、右顧左打的斜立圓運動。在搏擊應用中，在後發制人的同時，能保持自身的平穩；在搏鬥一瞬間的無窮變化中，能保持防守和進攻平衡的，炮拳是最基本的選擇。

（一）炮拳在搏擊中的理法

炮拳形似烈火炮彈，性屬火。炮拳形最猛，性最烈，炮彈點火即著突發。五臟之中屬於心，五官之中通於舌。炮拳配心，心藏神，心主宰全身精神意識和思維活動，是人體的最高首領。炮拳動作是一氣的開合運動，有江水拍岸之勢。人體血脈起於心，心氣旺盛則血脈充盈，神志清晰，思維敏捷，因此，炮拳在搏擊技法中，運用意、氣、勁、力的集聚和爆發，猶如炮彈爆發，爆炸恰似雷霆，體現出非常猛烈的急剛之絕勁。

炮拳以火為炮，取其有「爆發猛烈之意」；火屬心，取其有「心動如火焰」之威；在炮拳中舌捲氣息，取其有「舌欲推齒」之功。炮拳是一氣的開合，在搏擊中是先合後開，即先顧而後打，合如包裹不露，開如炮炸，剛絕如霆雷。在形體上表現出雞腿、龍身、熊膀、虎豹頭，就是

人們所稱的四像。開合在搏擊中是由裹勢變為發勢，就是開合的過程。開要內外上下六合為一，合為吸，開為吐。合時心氣要抱，開時心氣要發，隨吸而抱，隨呼而發。

炮拳在搏擊中要攻防一致，不可脫離或先顧而後打，內外一致的爆發身勁，將爆發勁力集中增大，增猛打擊力度。

（二）炮拳在搏擊中的運用

炮拳在搏擊中實際上是橫拳與崩拳的結合，一手向上鑽，內旋翻滾，將敵手引向側面。

另一手向前猛擊敵心窩，外形縮小，束身挑頂，左手防右手攻，右手防左手攻，形成了一種傷害力較大，衝擊力最強的鑽、橫、崩三拳組合的，是一種在技擊中占十分重要地位的作戰方法。

炮拳在搏擊運用中主要有點、打、戳、砸、捋、擴等技擊用法。在點打中又有上、中、下和左右兩側的打法。炮拳在搏擊技法上首先應該知道，不要把上架的後手單純地作為顧法來理解。

1. 炮拳的點法

不論是上點、中點、下點，主要都是施用於攻擊人體的身軀、肢體、頭部和襠部的要害部位，炮拳的點法前手後手都可以運用，主要是自己兩手陰陽互易的點打用法。

2. 炮拳的打法

主要是用炮拳突如其來的爆發勁來打擊對方身軀各要害部位，用炮拳猛烈的衝擊勁力達到傷殘對手五臟六腑、折斷兩側肋骨的目的。

3. 炮拳的的撲

主要是用上架之後手，向前反手撲面以掌對方面部和耳部等。

4. 炮拳的戳

也就是捅的意思，以上架之後手反手捅戳對手的眼睛等面部各要害，此法一定要非狠毒而不至。

5. 炮拳的栽

就是栽捶，也就是上架之後手翻手向前直擊對手心胸及面部等各要害部位。栽捶的運用主要是依靠手向前，當接近對手身體前的瞬間，急向下翻，用手指的根節拳頭勁力向對方攻擊。

6. 炮拳的砸

也指的是上架之手向下回落的一種打法。上架之手由陰變陽向下猛砸，既可打砸上肢，又可打砸頭胸。

7. 炮拳的捋

也就是向後、向下的拉勁，此法的運用主要是上架之手刁、拿、領三種手法和技法的配合運用，用突然的領捋使對方失去重心，並使用暗藏的擰勁來制約對手向我襲擊。

8. 炮拳的擴

指的是上架的後手向上架並向上翻滾，借肘和臂向外橫格的勁來打擊對方的心胸、頭部。

(三)炮拳的勁節說明

1. 裹　勁

指的是合勁、抱勁，炮拳的裹、抱束身進勢，丹田之

氣要抱，全身之勁要抱，因此有「包裹不露」之意。

2. 滾　勁

指的是臂和手發出向上翻滾、向外橫格、向前的領勁。滾是說上架之臂要滾，身軀滾而進擊，手要滾而入進。「拳打滾門之力」，滾有易黏、易進、易擊之妙用。

3. 順　勁

指的是進攻的前手要順達，拳出至寸中爆發出勁力的崩拳，力要順達。

4. 炸　勁

指的是爆發的勁，火點炮就著，所以說炮拳出擊時，要像炸彈出膛猛烈疾毒。

（四）炮拳實戰技法

1. 當頭直攻炮

開勢以活步三體勢移動，對方來勢，以右腳寸進，右手迎架裡旋後領對方左臂裡側，左腳跟步，踩踏中門拗步進身，左手內旋上戳，以陽拳用中指和食指中節大拇指墊頂，向對方雙目直捅，或者攻擊面部各要害部位，使之受損。以左手迎架後領對方右臂，左腳寸進，右腳跟進，拗步進去（圖5-92、圖5-93、圖5-94）。

圖 5-92

圖 5-93

圖 5-94

圖 5-95

圖 5-96

2. 側身炮推窗望月

占右進右，以右手迎架對方打來之右手，右手內旋外橫，左手向對方肋軟骨點打，右腳寸步橫移，左腳上步送髖呈半馬步進攻，左手迎架方向相反。迎架之手向後捋，則用另一手點打耳門關、太陽穴、腮等要害部位，採用戳、捅，直擊即可（圖 5-95、圖 5-96）。

圖 5-97　　　　　　　　　　　　圖 5-98

3. 連珠炮

我方主動前手直崩，打破對方防線，對方迎擊著手。我直崩之手著力順勢內旋上架，另一手進步直攻，對方防守我打去之手，我則就勢內旋後領，進步，用後手再打。連連不斷，連珠猛發，直攻硬打，不給對方以喘息機會，使對方失利，瞅準機會迅速側踹或用邊腿攻擊，使對方失手，然後反顧再打（圖 5-97、圖 5-98）。

4. 捅心擊目

右手迎架內旋外橫，左手直捅對方心胸，右手同時翻滾內旋，向前反手以陽拳猛擊對方雙目，左手順勢迎架就勢而為，步法因地制宜（圖 5-99、圖 5-100）。

5. 炮手撩襠，栽捶攻腹

右手迎架後領，左手點打偷心。右手向後，動勢不停，畫弧回手折疊反勾，以陰拳向對方襠部攻擊，偷心之手順勢內旋橫肘反擊對方來勢。

在勾拳的同時翻手向下捶打對方腹臍，以寸勁彈抖

圖 5-99

圖 5-100

圖 5-101

圖 5-102

（圖 5-101、圖 5-102、圖 5-103）。

注意：要看勢而爲，因人而異，步法看勢而走。

6. 空炮實腿

我與對方對峙，對方來勢，我以炮拳迎架進攻，順步上手，對方躲閃，我則以邊腿突然強烈進攻，打擊後收回

圖 5-103

圖 5-104

圖 5-105

圖 5-106

　與對方拉開距離，調整角度。如對方抱腿，我則以炮拳反手狠狠下砸，重拳攻擊，或屈膝頂撞，或另一腿戳彈彎腰之面（圖 5-104、圖 5-105、圖 5-106）。

　　實戰技法不勝枚舉，技擊技藝的運用關鍵在於自身鍛鍊，自身實踐，自身總結。自身的風格招法來源於對武術運動的持之以恆，來源於深入細緻的研究。

炮拳的步法在搏擊中尤為重要，身之動依賴以步，步為一身之根基，為運動之樞紐。炮拳在步法上以拗步為主要步法，但是，在搏鬥中千變萬化。步法的變化，必須因勢利導，條件由自己創造，這就是千變萬化非步而莫及，身動步為之周旋，手動而步為之摧逼，穩不穩、靈不靈都在於步，搏擊中步法的運用非同小可。

　　寫完五行拳搏擊應用，這裡需要闡述一點，攻防技法在搏擊中的應用，套路、理法、應用規律都是陰陽五行對立統一的法規。攻防技法的應用對「五行生剋」與「制化」的規律不能脫離。

　　「陰陽五行」之原理在技擊中的運用，在克敵制勝的搏鬥中發揮其無窮的妙用及威力。「拳之大要，重在陰陽」，陰陽者實為動靜之途、分合之妙、虛實之訣，由動而成形，由靜而求精。陰陽互易、五行生剋之原理與五行拳拳法融合的靈活性掌握，在搏鬥中是決定勝負的重要技巧。這些是「五行拳」一切運動之通理。

第六章

形意十二形拳在搏擊中的應用

　　形意拳十二形拳，是由形意母拳「五行拳」演變而來，形意母拳「五行拳」要求六合為一，一陰一陽。六為十二數字的由來化生，有了其數字，即摹擬 12 種動物的動作、形象、特點、技能，並作為技擊方法，編成拳套。汲取這 12 種動物在自衛搏鬥和捕食時所具有的特殊技能，像其形，取其意，以意象形，形隨意轉，意至形生，把動物的特長轉為人的技能，效仿其長，為人之用。

　　形意拳化生「五行」、「十二形」之原理，總合五綱十二目，統一全身體的功用。在內為意，在外為形，鍛鍊人體，潔內華外，是終身養性之根本，不但能使學習者從骨骼肌肉方面得到強化，而且能提高人體素質，鍛鍊人的智慧，由學習更能正確掌握與人交手的攻防技術，提高自身技術在搏擊中的運用。

　　下面將十二形拳分別解析：

一、龍 形 拳

　　龍形是形意「十二形」拳之一，龍形拳採取龍升盤旋

的特點。龍有束骨之法，又有轉折飛騰之技，以及伸縮吞吐之能。因此，龍形在搏擊中身有伸縮高低，形有起落縱橫，氣有吞吐出入；在攻防技法上沾身而為，前後自身換步引進落空。龍形在搏擊應用中能夠隨機應變，在束展攻防技法上具備了重要的技擊作用。

(一) 龍形在搏擊中的理念

龍是傳說中的理想動物。傳說龍是水中最凶猛、最靈敏的動物，傳說中最神的爬蟲動物是龍。龍形在搏鬥中的要義在於「神發於目」、「威生於爪」、「勁起於胸肋」。龍形在形意拳中要求：呼吸循環氣沉丹田，氣血貫穿於丹田之間。龍形在搏擊運用技法上外剛猛而內柔和，外剛猛為陽，內柔和為陰，實為陰陽相合，必須是身有伸縮高低，形有起落縱橫，氣有吞吐出入。

形意拳譜中說：「拳如炮形，龍折身。」「拳如炮形」主要是講其猛烈迅速，突然爆發，猶如炮彈爆炸一樣，噴發出最大的抖絕勁來。「龍折身」，折的意思是講三曲之意，即是上肢要彎曲、身軀要彎曲、兩腿要彎曲，這裡講的這三曲主要是說，上肢不屈則手無出入之餘，身軀不屈則無吞吐之勁，下肢不屈則無起落之力。所以說，龍折身猶如蜇龍潛伏，不彎不曲、不折不伏則不能成為龍折身的形意之「龍形拳」。

(二) 龍形在搏擊中的運用

龍形的步法，主要是走直線主攻四正，走斜線主要攻擊四斜。在練法和技法上，反身龍形、老龍臥道、左勢龍

形、右勢龍形、青龍出水都體現了一個足的起落，主要是應該掌握起翻落鑽的變化。

在搏擊運用中腳起而翻用以撩、撲、踹等技法；腳落而鑽用以刮、踩、點等技法。總之是望膝而起，望腳而落；望腹而起，望膝而落。起如蜇龍升天，有沖天之雄，要快速風猛；落似巨龍入水，有猛不可阻擊之勢。腳不可望空而起，起也打落也打，進也打，退也打，方可發揮出「足打七分」的優勢。

形意拳在身體的外表形體上強調要體現出「四象」，就是四種動物的形象，「龍身」即是其中之一。它既有束骨之法，又有蜇龍之能；既有三曲之才，又有飛騰之技。在形意拳中之所以強調體現龍身，就是要在吞身蓄氣時猶如龍體之蜇伏，有儲而待發之意。在搏鬥中起身進攻時，有龍的升騰，有沖天之雄。

蜇是為了起得更迅速，合是為了開得更猛烈，吞是為了吐得更充分。沒有勁氣的集儲，就不會有勁力的發放；沒有吞身之伏，就沒有騰身之沖；沒有三曲之才，就沒有變化之靈，所以，在形意拳的每一個過渡動作中，在搏擊技法上都要體現龍的特點。

龍形在實戰中，縱身時氣沉丹田，降身時束縮坐盤，腰際旋轉、抽身調膀至關重要。前手鑽變招刁拿，或取對方眼、喉、心窩，或前探控制敵肘，要極力前伸，後手控制敵腕要極力牽引。龍形重防守，以顧法為主。

其實在搏擊中龍形的運用，實際是鑽橫加腳與劈炮拳的綜合利用，用以上、中、下三盤連擊，進擊的閃展騰挪，充分體現一個技擊高手在搏擊中三節功夫的發揮。

（三）龍形的實戰技法

　　龍形的實戰技法，全在於「束展」二字。望眉斬截，起膝望懷，四平攀天，它是以「五行」綱和目的結合，龍形在實戰中的運用在技法上呈現「一波未定一波生，好似神龍水上行，急而沖空高處躍，顧打雄勇令人驚。」

　　龍形一定要象形取意，不能以形取象。

1.探爪擊面，側身擊襠（蜇龍伏地）

　　以三體勢活步移動，觀察審視對方，以自然步瞅準機會，左手在前向對方突破，以點打的方式向對方面部以拗步進擊。對方迎擊，我方著力，左手即向內旋後捋，身體向左擰轉側身，歇步伏身下蹲，同時右掌裡旋，向下打擊對方襠部。

　　攻擊時，要蓄力飽滿，右臂撐圓，力達掌根。身體前伏擊襠必須肘湧掌擊，而且必須抬頭塌腰，伏身下蹲歇步適中。對方化解我右掌，我則沾身變拳外旋，先顧後打，

圖 6-1

圖 6-2

圖6-3

圖6-4

先領化而擰身再進，以右拳鑽面，左掌擊襠，反覆循環使對方受損（圖6-1、圖6-2）。

2. 上攻、下喘（反身龍形）

對方來勢進攻，我方則以前手從臍外側閃身上鑽，迎擊對方來勢，同時黏就外旋反顧為打，以寸勁進攻，步法為拗步。在前手鑽的同時，右腳隨即屈膝提腿，腳尖外展，力達腳跟，向對方襠部踹去，或者踹對方膝部，要看勢而為，使對方失重（圖6-3、圖6-4）。

3. 踩腳、切肘（老龍臥道）

對方右上肢來攻擊，我則以右手橫拳迎擊，著力迅速變招刁拿對方手腕，同時右腳起，蹬踹對方膝蓋，左手快速前探向對方肘部，外旋，裡橫，切捋，右腳前踹著力而下，順步就勢踩對方腳面。

左手切捋的同時右手極力後引拽對方手腕，隨即全身束縮坐盤，左前手控制對方之肘，右手控制對方手腕，使對方向側後跌出（圖6-5、圖6-6、圖6-7）。

圖 6–5　　　　　　　　　　圖 6–6

圖 6–7

4. 爪探抓目，躍身剪腿（跳步龍形）

我以右腿在前，以右拳起鑽向對方攻擊，並著力內旋下翻化解對方迎擊之勢。左手在右手背上向前鑽，內旋向前探抓對方面部，同時右腿向後，左腿向前，兩腿成交剪形交叉縱身躍起。躍起的同時，右手從左手背上向前探，伸爪抓對方雙目，隨即全身下降成呈盤勢，在抓目時對方

圖 6-8　　　　　　　　　　　　圖 6-9

圖 6-10

手落空，在身體墜落時左手極力控制對方迎解我之手腕，右手前伸極力控制對方肘部，腰際旋轉，抽身調膀，奮力牽引。在縱身時要氣流丹田，升降伸縮，胸腹吸勁，空穹拔背（圖 6-8、圖 6-9、圖 6-10）。

5. 咬腿反踹（蜇龍反身）

當對方使用右側腿橫擊我肋部，或使用側彈和中邊腿

向我攻擊，我即左腿寸進向左擰身，左手迅速橫鑽外旋，
著力翻手擒拿對方小腿，右手同時外旋裡橫，以臂格壓對
方膝關節，雙手迅速將對方腿咬住。同時右腿上步，以右
腳踹對方支撐腿膝關節內側，側踹的同時將對手右腿橫捋
下切，並向外推，右腳同時下踩，使對方向後側摔倒（圖
6-11、圖6-12、圖6-13）。

圖6-11

圖6-12

圖6-13

注意：腿端黏而下踩和雙方橫捋要協調一致，勁力順達，英勇奮進。

圖 6–14

圖 6–15

6. 折手反擊（青龍出水）

我左腳在前，身體向左微移變拗步，右拳外旋上鑽，突破對方防線。對方迎擊進攻，我左腿後撤，左拳從右臂下向外橫擊，化解對方來勢，同時擰腰向左轉髖，左手就勢裡旋後捋，右手折疊從胸前回手反擊，攻擊對方肋下軟骨（圖 6–14、圖 6–15、圖 6–16）。

圖 6–16

注意：左腿的後撤要體現龍身。

圖 6-17

圖 6-18

7. 快拳加腳（烏龍翻江）

　　左腳在前，右拳向對方
面部崩拳點打，著力迅速抽
回。左拳與右腳配合以十字
腿，左拳擊胸，右腿蹬膝、
襠部。右腳順落，右拳折回
直擊對方腹部，要掌握好在
右腳突起的同時右拳回折，
腳落拳至，拳拳奮力前刺，
蹬腳著力後右拳刺力，然後

圖 6-19

再採用老龍臥道或蜇龍伏地的打法使對方失重（圖 6-17、
圖 6-18、圖 6-19）。

8. 切肘、踹腳、撩陰（龍形式）

　　我左手向對方突破，對方刁拿欲擒我左手腕，我以右
手順沿左手小臂向右外橫翻手，反拿對方手腕。左手內旋
以暗勁靠自己右手背和對方手心相對向左外橫，右手向後

圖 6–20

圖 6–21

圖 6–22

圖 6–23

拉拽，以反關節折對方手腕。右手反拿同時右腳提膝踹對方膝蓋，對方卸力化解，我左手即內旋，側身歇步伏身下蹲，左手向對方襠部撩打，左臂撐圓，力達掌根，肘湧掌擊，歇步適中。

　　這裡說明：右腿踹為右勢龍形，左腿踹為左勢龍形（圖 6–20、圖 6–21、圖 6–22、圖 6–23）。

龍形的實戰技法變換靈活多樣，在練法上是組合拳法套路，探上伏下，拳腳相加；在搏擊應用上既可以連環套打，又可以拆招單用。絕對要創造條件，隨機應變，看勢打勢，不能生搬硬套，要看自己的功夫與技巧能巧妙配合，要達到得心應手，必須練精至純！練腿、活腰、練功要貫穿三節功夫，俗話說「練拳不活腰，必定藝不高。」「練拳不練功，到老一場空。」「練拳不練腿，最終倒糟鬼。」這些都是武術老前輩最精闢的總結，習武者應潛心探索。龍形屬「五行」生化，諸拳加腳集於一身，龍身的體現都貫穿在腰部的功力，練拳者必須潛意深心體悟。

（四）龍形的鍛鍊要點

1. 身　法

　　鍛鍊龍形，身法是主要環節。即以腰為主宰，外剛內柔，陰陽相合；升降自如，盤繞曲折；身勢空穹，如沾細雨；如披清風，全身化勁，瀟灑俐落，忽隱忽現如蛟似龍，心神不拙不滯。

　　束身搜骨方法必須正確精緻，縱身時要凝神聚氣，氣沉丹田；束身坐盤歇步之勢與腰際的旋轉、抽身調膀的配合密切，至關重要，要求連貫圓滿，蓄力飽滿。

2. 手　法

　　束展放長，龍形的鍛鍊一定要在意識上有神龍探爪的意念，動作一定放長，前手極力前伸，後手極力後引，成拉弓之勁，像龍爪又像鷹形。兩手前後側身牽引按掌，必須放長放鬆，伏地龍形兩臂要撐圓，邊達掌根。練龍形時要手眼相隨，沉肩墜肘，頭正、豎項、塌腰。

3.步　法

龍形步法實為腿法，好比是人我莫測，氣概猶龍。歇步、盤腿、轉體，練時要盡量放低，幅度要大，圓活連貫；提膝抬腿要身隨步轉；提膝踹腿、歇步伏身都要上下配合，協調一致，但重要的是抬腿必須微屈膝。

縱身騰空，躍身兩腿交剪，升降伸縮，自身前、後、左、右腿換步要盡力騰空，上身略向前傾，不能後仰，跳步要快，與兩手掌的前探、後撤協調一致，腿隨手走，手眼相隨，龍的神發於目，要炯炯有神，光、氣、神合。

鍛鍊時掌握動作要點，左右連續進行，惟方向相反。

> 注意：手、眼、身、法、步、精神、氣、力、功，以及六合的貫通一致與配合密切協調，勁力順達，精神圓滿，要體現出龍的神化。

二、虎形拳

虎形是形意拳「十二形拳」之一。虎形採取猛虎撲食之勢，以虎形為拳，效仿其衝撲勇猛、穩捷凶狠之技能。在搏擊中雙手齊出，衝擊力很強，且雙臂合抱，中門封閉比較安全，是搏擊中最常見的一種技法。

(一)虎形在搏擊中的理念

虎為山中之王，獸中之首，有撲食之勇，離穴之疾，抖毛之威，利爪之鋒；虎身長大，撲食凶猛，下定決心，毫不顧慮；虎形有耀武揚威之氣概，與人交戰如虎搜山。

虎形拳汲取這些基本特長，象形取意，演練成拳，作為強身制敵之用。也就是效仿猛虎的威嚴姿態，將衝撲凶猛、穩捷凶狠之技能運用於搏鬥之中。

虎形的威力就在於虎打堆身之勁，用在捕擊中則成為外猛而內柔和，即猛而烈，好似猛虎出木籠，出擊時猛烈迅速。如拳譜中所論：「猛虎穴伏雙抱頭，長嘯一聲令膽驚，翻掀尾剪隨風起，起澗抖擻施威風。」虎抱頭就是束身之勢，好比是貓撲鼠之一瞬間，縮身只待一觸發，只有束身落勁，才利用於全身發勁。

形意拳在外表強調全身要體現出 4 種動物的形象，「虎抱頭」即是其中之一。虎抱頭就是要在過渡動作和技擊中，使頭部、項部、目部、身部、手部，以及勁、力、意、氣體現出虎之雄威，做到頭領其氣，神逼於目，身藏於勁，爪藏其鋒，且有伏虎之形。

（二）虎形在搏擊中的運用

虎形之中應該分為上虎形、中虎形、下虎形 3 種搏擊技法。上虎形主按，中虎形主塌，下虎形主托，無論是上、中、下虎形都要有衝勁和撲勁。

撲勁，猶如猛虎撲羊、狸貓撲鼠，要體現出快速迅猛疾毒的沖撲勁來。撲勁的發放要丹田用勁，勇往直前，抱頭前進，強項怒目，雙掌猛撲推按；而且雙臂合抱，中門封閉，保護五官、五臟的安全，兩肘夾脇而出，及至敵身先上搓，即內旋翻手發力，發勁時要墜臀強膝，氣整力合，先腳後手，六合一致。

（三）虎形實戰技法

1. 從身撲面

　　對方突然從我背後摟抱，我即敏銳感應，以猛虎抖毛之威，束身下坐，雙肘後提，頂對方雙肋。對方負痛脫手，我即全身向右轉體，同時右腿後撤，雙手外旋起鑽，封住對方上肢，著力內旋雙掌猛烈攻擊，向前撲打，在對方失重的同時我即起左腳向對方肋部踹去，或用膝頂肋，在踹腿的同時雙臂向右橫領對方上肢，以化解對方迎擊或反擊之上肢（圖6-24、圖6-25、圖6-26、圖6-27）。

> **要點：** 在對方摟而未抱，抱而未死之時突襲坐打，氣往下沉，好比巨石落水，尾閭不能外掀。此動作非猛烈而不爲，提肘撤步與雙手上鑽要快速敏捷，對方脫手後退，要沾身而從，也可用左腿控制對方下肢而前推。

圖6-24

圖6-25

圖 6-26

圖 6-27

2. 中門撲面

對方向我出冷手,我即將雙手順其力的方向引進落空,使其無著力的地方。兩臂外旋迎擊,著力上搓,同時左腳寸進,右腳跟進,雙臂由口前內旋翻手,向對方面部撲打,以虎形掌向對方雙目攻擊。對方迎擊化解,我即以撲面之手下落內旋,將對方上肢向兩側撐開,後腿即提膝

圖 6-28

圖 6-29

圖 6-30　　　　　　　　　　圖 6-31

上頂對方襠部，使其傾跌失重；或者雙手橫格膝頂肋部，
此招是最基本的虎形技擊法（圖 6-28、圖 6-29、圖 6-
30、圖 6-31）。

3.肘攻掌撲

　　對方來勢，我雙手向下卸力化解來勢，左腳寸進，右
腳跟進，雙手上搓外旋，以立肘向對方攻擊。對方後撤，
我右腳進步，以雙掌內
旋黏身擰腕，向對方面
部撲打、撞掌，左腳同
時跟進。此法肘為暗
勁，撲面以虎爪撲打攻
擊，使對方受損（圖
6-32、圖 6-33、圖 6-
34）。

圖 6-32

圖 6-33

圖 6-34

圖 6-35

圖 6-36

4. 上撲中攻

以活步三體勢移動，乘機向對方以虎掌雙手直撲。對方迎擊或化解，我即塌腕，雙手齊出向對方胸部推按，發勁時墜臀強膝，氣整力合，塌腕由化勁變寸勁彈抖。直撲掌著力為實，被解為虛。塌腕是搏擊運用的手上功夫，是一個十分重要的環節，是產生塌推的一種強硬而柔韌的一種勁力（圖 6-35、圖 6-36）。

圖 6–37　　　　　　　　　　　圖 6–38

5. 托掌攻進

我向對方雙手撲面攻擊，對方迎擊化解反擊，我即順其力向後撤步，雙手順力後化解下将引進，使對方失利。我即乘機反攻，雙掌捲曲向前，向對方腹部突然攻擊，力達掌根。此法為虎托掌，要注意在反攻時形成老虎坐窩，足先手後，手托身墜，使對方向後跌，失重受損（圖 6-37、圖 6-38）。

6. 擊襠撲胸

三體勢站立，對方上勢來攻，上肢來招。我接力著手，雙手內旋而回，收至腹前束身，前腳寸踩踏進，雙手以拇指中節向前朝對方襠部湧身進擊，對方必然後撤，我即雙手由丹田外旋鑽起，由口前內旋向對方前胸直撲（圖6-39、圖 6-40、圖 6-41）。

注意：反擊撲面，兩肘夾脅，掌至對方身體先上搓，即內旋手心按推撲胸。在上搓的同時，緊跟上步，下按著力以寸勁彈抖將對方擊出。

圖 6-39

圖 6-40

圖 6-41

7. 側面雙推

以三體勢作防守勢，對方向我出手，我即前手應敵，後手防守，身體中正，不偏不倚。對方右手從左進攻，我即將左手內旋向左橫攔，先左腳寸進，右腳急進，搶身上步，與對方呈十字狀。右手從對方右臂內側下沿臂進入，然後向右側內旋並向外橫拿，壓住對方右臂後上膊，兩掌

圖 6-42

圖 6-43

同時內旋翻落，猛力前推，身勢看正是斜，看斜是正，兩手間隔分開，步法以速度逼人，手法有始無終，口對手一直走（圖 6-42、圖 6-43）。

8. 頭撞膝頂

對方來勢凶猛，我以雙掌迅速出手前撲，點打著力，即吸胸凹腹，退步吸引，雙手牽引內旋外撐，裹肋束身。對方落入，我即以猛虎撲食向敵反擊，以河水決堤之勁，以頭部向對方前胸、頸部頂撞，腰腹向前摧攻，形成合勁，退步吸引，身墜反弓，頭部由下向上方沖起。在撞頭的同時後腿提膝，向對方襠部猛烈攻擊（圖 6-44、圖 6-45）。

虎形的搏擊技法，動作猶如扳軲轆之勁。翻手推按，要氣整力合，墜臀強膝，夾肘上搓，要鬆肩墜肘，集中意志與對手周旋，在一瞬間選定時機，予以閃電般的猛烈打擊。虎形掌進擊，手著對方先上搓後下按，才容易奏效。要力求自身重心的穩定，在進步的時候，後腳上步越接近

圖 6-44

圖 6-45

地面則重心越穩，行功一定要簡捷穩健。實戰技法靈活運用，要因人而異，隨機應變。

(四)虎形鍛鍊要點

1. 身　法

練虎形要收似伏狸，縱似放虎，貓縮其身將有所撲，虎離窩將有開展。練虎形上法進身如老虎撲食，必先抱頭，抱頭是心口、虎口、舌口三口併一口。兩手護兩腮，起到保護頭部的作用，「未曾動手頭早抱，閉住五行永無凶」，足踩、手撲、身裹、氣舒，發勁抖擻，要做到發勢連貫如一，收勢穩如泰山，渾身勁、氣、神合為一氣。要練出骨的勇氣，骨是勇的根本，勇從骨而出，「骨不支勇，則勇無從而生」。

虎形回身，後腳向後倒插步，腳掌著地，腳跟提起，以前腳步掌碾地，轉向 180 度，兩手抱於兩腰側，拳心朝上，前腳進步，雙手上鑽，翻手雙掌前撲。

2. 手　法

虎形手法要求：心為元帥，手為先行，臂膀為營，手腳相顧，前腳先踩寸進，後腳順平而進，手勢隨進，從口而出，「三口併一口，打人如同走」，並臂反攻，形如抱石投水，口對口一直走，雖看正是斜，看斜卻是正。

3. 步　法

前腳上步，後腳跟進，提靠於前腳內側踝關節，腳底與地面平行，後腳前進動作要與兩掌翻轉前撲同時完成。在前撲時兩掌向上鑽，貼近胸部，到口前兩掌翻轉迅速前撲，走一條弧線與胸齊高，不可直著向前推。撲出後沉肩，墜肘，塌腰，挺項，兩膝微裡扣。左腳進為右虎形，右腳進為左虎形，前腳左跨，後腳進右，右跨而進左。

三、猴 形 拳

猴形是形意拳「十二行拳」之一，猴形採取猴的縱身之能，靈便之巧，足智多謀，神志堅定，敏捷迅速，靈活機動。運用在搏擊中，外應其動，內守其靜，意發神速，乘機取巧，以巧破拙，以智勝勇，神妙莫測，具備了獨特的技擊作用。

(一) 猴形在搏擊中的理念

猴在動物中為最靈巧之物，猴有縱山跳澗飛身之靈，又有恍閃變化不測之巧，心敏意捷。在拳用形，取它這些本能特長，演練成拳。作為運用，以靈敏而制笨拙，以智足而勝勇猛，以多謀而勝魯莽，因此，而命名為猴形拳。

猴形拳運用在搏擊技法上，有封猴掛印之精，又有偷桃獻果之奇；有攀枝上樹之巧，又有登枝墜枝之力和展轉騰挪神機莫測之妙。因此，在搏擊運用中要心神安靜，形色純正，身體輕便靈敏，快利旋轉如風，方才不失猴形拳之本意。正中拳譜中所論「不是飛仙體自輕，若閃若電令人驚。看它一身無定勢，縱山跳澗一片靈。」

這裡需要說明的一點：不要把十二形拳庸俗化，練猴形拳主要是取其心敏意捷，以靈敏化制笨拙，取其刁抓意發神速、乘機取巧的優點，只是象形而取意，而不是象形而取形。取十二形之長於人的特殊本能，摹其長而補人之不足，合拳法為取勝的基礎，盡十二形之妙用。

在練猴形拳時把猴的捉虱子、抓耳撓腮的動作也稱之為猴形拳就毫無意義和價值了。

（二）猴形在搏擊中的運用

猴形拳在搏擊中運用，與其它各形、勢不相同，步法手法都是一反一正、一陰一陽，為形意拳中技法所僅有。其打擊部位在刺目、刺喉、擊頂、撲面，專攻上節。為了擊敵頭頂，易伸臂過長，胸腹暴露於敵前，形成空隙，因此猴形躍步而上，以縮短敵我距離，加快進攻速度。手法上也是一觸即回，與躍步緊密配合，連連再上，手臂不必過分伸長，身法上也要力求小巧，而盡量加快速度。在顧法上也是一躍而起，叼手而落，縮身下墜。跳躍之功既利於攻，也利於防。

當縱身時，即向側後旋轉，形成轉身叼手，同時退步稍後下墜縮身再換步進招。這裡的猴形躍步而上，主要是竄步獨立，迅速靠近敵身，上擊頭部的同時下則用膝頂撞

敵腹。插步後轉是用來防守敵方用扣擺步向我側攻來，我則用旋轉以側步叨手反顧而攻。

　　猴形進退起伏伸縮必須迅速，不為敵所乘，既要前進撲打，也要倒掛叨扒，縱身擊面，縮體叨手，或起或落，亦進亦退；既叨手縱身而起，又叨住敵腕旋轉下墜，使敵不易走化，又可顧打兼有。

　　猴形拳的手型是，拇指貼於食指側，其餘四指併攏伸直，介於平勾掌之間。防守時用叨手五指彎曲，由裡向外橫掛敵手，不翻不鑽是不同於刁手之處，也可以看作是橫拳的一種變型。猴形防守時，手與身步相隨，有時隨叨手縱身下墜，有時側身後退下蹲。進攻時大多數是連續穿掌竄步而躍，進攻穿掌，進步穿，退步也穿；獨立步穿，縱步穿，落步也穿，拗步穿，順步時還穿。一般都是上穿，換手時下穿，也有扳手、點臂、擊頂連攻。

(三) 猴形實戰技法

1. 竄步連環插掌（猴子爬杆）

　　我方剛脆爆突，果斷凶猛，猶如山崩地裂一般，一瞬間爆發出急脆之勁，向對方以堅勁打面部，以猴形的鬥勾勢手型向對方雙目刺去，以點刺的方式一刺即回。對方負痛退步，我方則竄步而上，躍步而進，另一手再向前插掌向對方頭部攻擊，著力即回，前手再隨即而插，向其喉部攻擊。掌插進擊手臂不能過分伸長，要束身縮臂裏肋，身體要伏身前躍，身法上要力求小巧，力求迅猛速疾。

　　躍步時，提膝抬腿向對方襠部攻擊，膝頂著力以正蹬腳向對方襠部以下的膝蓋部位蹬去，支撐腿前縱。蹬腳落

地向對方腳面踩去，以腳尖前掌向對方腳面蹭鑽，後手同時向對方胸部插撲，達到腳踩手至。要掌握插掌兩手在胸前向前伸，交替連連進插，弄清楚插為攻，落手為顧，顧打兼有（圖6-46、圖6-47、圖6-48、圖6-49）。

2. 退步連環插掌（猿猴托印）

變通在心，靈機在意，進退則在於步。周身運動在於步，上欲動必下為隨，貴在上下配合，上下不隨，意則無

圖6-46

圖6-47

圖6-48

圖6-49

能力施展。

　　對方進攻猛烈，我即以左手壓對方之手，左腿後撤，同時右手從左手上沿掌背前手插，向對方喉、面部刺去，左手順勢後捋置於胸前，退步要縮體合身微墜。右手插掌著力即回，左手隨即向前插掌刺對方頭、頸等要害部位，同時右腿後撤，左腿提膝向對方腹部抵攻，掌要前搓，要手、身、步相隨。左手著力即回，右手同時向前插掌著力，即塌腕向對方頜部以寸勁打擊。這個動作關鍵要領悟插掌的勁力，在於撲向上托而顫，劈而抖；要有彈韌之力，伸長擊遠。沿前掌背前插，連環插掌，提膝攻腹，支撐腿微曲，塌掌托頜由暗勁而為（圖6-50、圖6-51、圖6-52）。

圖 6-50

圖 6-51

圖 6-52

圖 6-53　　　　　　　　　　　圖 6-54

3. 封肘前推（白猿獻果）

我以左手插掌攻擊對方，對方刁拿我手腕欲擒之機，我右手從左臂下沿左腕向右橫翻手反拿對方之手，同時左掌外旋橫壓在對方肘上，右掌內旋向右橫拿對方肘前小臂，向裡、向下將對方肘部封死咬住，雙手同時前推，將對方跌出。前推時左腳寸步踏進，右腳跟進，注意掌握在反拿至推出，由化而暗，順其肘雙臂外旋，黏隨而封，左上右下咬住肘臂，奮力發放，跟步推進，左腳踏進，封住對方下肢，推的力量由下向上抨擊而為（圖 6-53、圖 6-54、圖 6-55、圖 6-56）。

4. 叨手踹腿（猿猴蹬枝）

對方以右手向我襲來，我速以左手以掌內旋前插，在對方臂上挫而迎擊，右手同時從左臂下向對方臂以叨手外橫著力，即刁拿。右腳同時上步，左手就勢外旋順其肘向右格其臂，右手後捋右橫，左手托肘右橫，對方卸力化解，我即左腳同時提腿，向對方的腰、肋、膝等要害部位

圖 6-55　　　　　　　　　　　圖 6-56

圖 6-57　　　　　　　　　　　圖 6-58

踹擊（圖 6-57、圖 6-58）。

注意：在拿手時束身裹臂，屈膝側身蹬踹，對方以左進，我以右迎，惟方向相反。

5. 插步倒攮（猴子坐窩）

對方在我右側身後攻來，我即將左腳後插，身體左轉，左拳同時上鑽外橫，卸力化解對方來勢；著力同時內

圖 6-59

圖 6-60

圖 6-61

旋翻手回撤，以左手捋壓對方上肢攻勢，顧已化彼，右手
極力前撲打對方門面（圖 6-59、圖 6-60、圖 6-61）。

　　注意：掌握好躍步上鑽，翻手壓捋，撲面同時身體沾就左
摔，右手撲面著力，身體下墜，三動一氣呵成。

6. 右跳步叨手（左勢猴形）

　　我左手、左腳在前，右手做防守勢，對方向我左面進

圖 6–62

圖 6–63

圖 6–64

圖 6–65

攻，我即左手向左叼手迎擊對方動勢（猿猴墜枝勢），同時左腳隨即點地後撤，右腳墊步縱跳，右腿提膝打擊對方下盤，同時右手向右叼手打擊對方喉部，左手立即換勢而叼，左腳前踩，做到手抓腳踩。

　　要掌握好叼手時手、身、步相隨，叼手縱身下墜，墊步迅速提膝刺喉，同時發勁（圖 6–62、圖 6–63、圖 6–64、圖 6–65）。

7. 右跳步倒掛手（右勢猴形）

我以三體勢移動，對方向我右面進攻，我即將右腿後撤步，踩三角以卸對方攻勢，同時左腳跟提起，腳尖著地，左掌自右肘下橫出向左掛對方上肢攻勢，對方化解迎手。我即左腳墊步提右膝攻擊對方小腹，右手同時從左肘下橫出向右掛對方迎擊之手，使用暗勁刁扒，右腳落踩墊步，提左膝攻其下盤要害部位，左手正面抓打，形成齊落抓踩（圖6-66、圖6-67、圖6-68）。

> **注意：** 吸腹提膝，回手沉肘截化，墊步提膝攻下與刁、扒、抓、打要一氣呵成。

8. 側轉身倒扒（猴子掛印）

對方從身後向我攻來，我即以右腳點地墊步，急向左側轉身，擰腰縱身起跳躍步，左手向左掛由上向下扒手，從面、頸、胸至對方上肢迅速狠狠扒抓，縱身下墜，後腿下蹲。對方迎手反擊，我則以右手扳手點臂，同時左腳墊

圖 6-66

圖 6-67

步提右膝下攻，左手由右臂裡向前抓扒對方門面，左腳點地。此招為反身法，對敵搏鬥技擊中反身法占著十分重要的地位，在腹背受到敵攻擊時，就要側身反輾，左顧右盼，反側騰挪，換手連擊。要求必須是身法靈活，步法敏捷，瞬間迅疾才能應敵（圖 6–69、圖 6–70、圖 6–71、圖 6–72、圖 6–73）。

圖 6–68

圖 6–69

圖 6–70

圖 6–71

圖 6–72　　　　　　　　　　　圖 6–73

　　猴形的搏擊應用，在技法上腕、膝是主要進攻手段。腕部的功夫非常重要，腕關節主要主宰手掌的轉動變化，並且是連接手與臂的關節，所以，必須正確掌握腕上的功夫，要求既有柔韌，又要有硬性，剛而不僵，柔而不軟，靈不可浮，活不可舞。總之，要剛柔相濟，從容中道。

（四）猴形鍛鍊要點

　　練猴形身型取意不取形。外應其動，內應其靜，意發神速，乘機取勝，以巧破拙，以智勝勇，神妙莫測，取法猴形。

1. 身　法

　　練猴形要束身，縮臂，裹肋，含胸縮胯，沉肩墜肘，身步相隨，伸縮轉動精神貫注。絕不能縮脖聳肩，呲牙咧嘴，重形不重意。猴形練順了拳形則身體輕便，快利旋轉如風，心神安靜，形色純正；如果練謬了，則心搖神亂，手舞腳蹈，手腳無措，拳形不和則心內凝滯，而身也不能

靈通。

2.手　法

猴形的動作過程，以叨手為猴形之特技，探手不及而躍步縱跳，以此表現猴的外形之意。猴形手法在腿的後撤、前縱時與前插掌要緊密配合，協調和順，穿掌時掌心搓擊掌背，聲音脆響，快速連貫。一定要掌握猴形手法，叨手、側撐扒手、插掌，都要不鑽不翻，掌心朝下。

3.步　法

猴子爬杆的騰空縱跳，前腿屈膝提腿，腳尖朝前，縱步騰空。縱跳的過程竄步獨立，中間不可停頓，縱跳要高，騰空時兩腿盡量上提，落地時手腳同時到位。猿猴掛印的後撤步，在托掌時掌背朝上前探，前腿提膝要高於腰，腳尖自然下垂，掛印的墊步要靈活敏捷，旋轉下墜縮身，步手相隨，眼隨手看。

四、馬 形 拳

馬形是形意拳「十二形拳」之一，馬的性情善良，善懂人意，外剛猛而內柔和，馬形拳採取馬蹄前刨之勢，運用在搏擊中採用馬奔疾蹄之功，雙臂前插向前擊，具備了特定的技擊作用。

（一）馬形在搏擊中的理念

馬形取意馬的四蹄如鐵，體力健壯，疾奔如飛，遇敵時鬃尾亂乍，踢扒撞爬，敢與虎豹作鬥。馬為家畜，性情良訓，耕耘無怨，任重致遠，持久不怠。本拳取馬的這些

特點，演練成拳，則命名為馬形拳。馬形以拳法用以搏擊，有龍之天性，翻江倒海之威；拳外剛猛而內柔和，有心內虛空之妙，有丹田氣足之形。

猶如拳譜中所論：「人學烈馬蹄疾功，戰場之上抖威風。英雄四海揚威名，全憑此勢立奇功。」

（二）馬形在搏擊中的運用

馬形在搏擊中，雙拳齊出，俯身崩擊，意定理直氣勢磅礴。步法與虎形相同，惟手法不同，提氣用力，合於意氣，節制呼吸，雙拳併手，丹田提氣由兩腮崩出，由上而下栽捶，打擊敵胸使其倒地。出手時兩肘裹肋擁身整勁而上，力跡形蹄爬踢，心存良驥勇猛攻擊，起拳鑽兩拳如舉鼎，護住兩腮落翻而下，是一個陰蓋陽打的過程。

馬形的搏擊運用，首先要從精神上和氣勢上壓倒對方，雙手併起併落，併吐併按，併蓋併打，在護腮而下的情況下，如泰山壓頂般往下蓋，發出全身之勁，並由頭領步隨，爆發出巨大的彈抖勁來，才能將對方擊倒。在與步法的配合上，既不可偏離腳所進步的方向，更不可超越前膝所處的位置。

（三）馬形實戰技法

馬形的實戰技法，應該理解：心存良驥勇猛攻擊的要意在於馬形搏擊，是以剛勁而打，以化勁而進，以暗勁而發，明暗相隨，剛柔相濟。對方的來勢既不遠迎又不遠避，不僵不直，黏就沾隨，圓活不滯，變幻莫測，連綿不斷，掌握好沉肘心靈，為之真靈。

圖 6-74

圖 6-75

1. 雙拳栽胸（雙馬形）

　　對方向我雙肋進攻，我左腳寸步踩進，雙手下沉向對方卸力。隨即雙手起鑽，雙臂護胸，雙手護腮，右腳跟進，以雙手內旋以迎擊對方攻勢，著力黏就，順勢由上向下栽捶打擊對方胸部，在攻胸的同時右腳順進控制對方下肢。在向前雙拳栽攻

圖 6-76

對方胸部時，兩肘裹肋擁身以整勁而上，動作要做到不僵不直，黏隨轉動，吐栽隨身，使對方倒地。這是最基本的馬形技擊法（圖 6-74、圖 6-75、圖 6-76）。

2. 單拳襲面（單馬形）

　　我以三體勢自由移動，對方向我進攻，我即左手回落「引進落空」，右手由左臂上向對方橫鑽，對方向我右手

圖 6–77

圖 6–78

扳攔，我即向右後橫領，以化解對方，著力黏隨內旋翻轉
撐腕就鑽，翻為陽拳，向對方臉腮狠狠崩擊。對方迎架，
我即沉肘，臂外旋立肘撐腕旋轉翻為陰拳，向左橫擊打摜
耳捶。對方另一手反擊，我右手即順勢內旋下壓，左手再
由右臂上向對方橫鑽，以單馬形再攻（圖 6–77、圖 6–
78）。

3. 左右拳擊面，橫靠撞肘（左右單馬形）

對方左手向我面部擊
來，我即左腳左橫移，右手
向右橫鑽迎擊，著力向右後
橫領化解，右腳跟進，右手
內旋翻轉以陽拳向對方面部
直崩，左手護於胸前。對方
另一手反擊，我即以左手從
右臂下向左橫鑽，著力後領

圖 6–79

圖 6-80

圖 6-81

圖 6-82

圖 6-83

翻轉擰腕，以陽拳向對方面部直崩，同時右腳順進，右手護於胸前。對方另一手迎架，我即著力順勢下挒，刁拿其手腕，右手順勢托對方肘關節，同時右腿提膝頂襠，右手屈肘向右橫靠肘，右腳落於對方下肢側，控制其下肢，向右擰腰湧身抖撞，使對方跌倒（圖 6-79、圖 6-80、圖 6-81、圖 6-82、圖 6-83）。

4. 崩面、撞胸、攻腹（馴馬闖槽）

對方向我進攻，我即雙手回落上鑽，以雙馬形向對方面部直崩。對方迎擊，我就勢雙肘下沉，雙臂內旋，雙手中指相對以掌根向對方胸部極力撞擊。對方化解，我即雙臂外旋化解下卸，撑腕掌根相對，向對方腹臍以雙掌根爆發寸勁突然攻擊。對方負痛撤步，我即以後腿向對方膝褢

圖 6-84

圖 6-85

圖 6-86

圖 6-87

部蹬戳。這一技擊法以暗勁粘就彈抖發放，步法靈活掌握看勢而為，腳手相應隨機應變，湧身發力腿進摧抖（圖 6-84、圖 6-85、圖 6-86、圖 6-87）。

5. 攻胸、摜耳、崩面（奔馬疾蹄）

我以雙馬形攻勢向對方胸部攻擊，對方向我中路來勢，我則雙手下挴回落卸力，雙臂內旋折回反擊，以雙峰貫耳向對方攻擊。

對方雙臂迎架，我即雙臂外旋下落，緊追不捨，雙拳上鑽，護腮顧己，兩肘護胸，兩拳翻轉出擊，以馴馬奔蹄之功、迅疾之速向對方面部猛烈直崩（圖 6-88、圖 6-89、圖 6-90）。

圖 6-88

圖 6-89

圖 6-90

注意：一定要掌握好左右翻膀、上下翻臂，勁力圓滿，一氣貫通，腳隨手走，上下配合一致，亦進亦退，靈活機動，得心應手。

6.陽拳栽、陰拳鑽、腳蹬踩（馴馬扒踢）

我雙手陽拳以雙馬形向對方突破，攻擊其胸部，對方式必迎架，退步反擊；我著力即塌腕，雙手同時外旋收於兩肋，前腳寸踩突進，雙拳發動猛烈襲擊突然上鑽，以陰拳用寸勁向對方肝脾部位極力攻擊。

對方撤步化解，我鑽出雙拳繼而屈肘上頂，雙拳頂頜，雙肘頂肋，同時後腳踏進，湧身進攻。

對方負痛後退，在對方撤步之機，我後腿上步，腳尖裡勾，向對方小腿挫去，並順勢上蹬對方膝蓋，著力就勢下踩其腳背。要掌握好馬形攻胸為虛，翻手上鑽湧身上攻為實，肘攻腳蹬臀部下墜，渾然一體，沾身就勢，連連緊隨，步步進擊，虛實兼有，剛柔相濟（圖6-91、圖6-92、

圖6-91

圖6-92

圖 6-93

圖 6-94

圖 6-93、圖 6-94）。

7. 陰陽拳互易翻鑽（野馬跡蹄）

　　自由步側身移動與對方呈三角陣，對方向我進攻，我即雙臂回落向下扼住對方上肢，隨即再急搶步進擊，以義馬引路之意，變雙拳為立拳向對方臍腹部猛烈狠刺直攻。

圖 6-95

　　對方式必迎攔化解，我即卸力雙臂同時外旋，以前臂為引導，雙手以陰拳向對方腹胸部以寸勁上鑽，雙肘護胸。對方迎擊，我即雙臂回落，內旋翻手以陽拳用雙馬形之勢向對方胸肋部平直攻擊（圖 6-95、圖 6-96、圖 6-97）。

圖 6-96

圖 6-97

注意：要掌握好兩手起鑽落翻，護心保腮，內外旋轉，陰鑽陽打，以寸步進擊，步隨手走，眼隨手轉，連續打擊，陰陽互易，形隨意動。

8.膝撞腳蹬（野馬脫韁）

我以雙馬形向對方頭部直刺，對方迎架，我即雙手直落畫開對方上肢，使對方露胸。我即提膝向對方直接撞擊，對方受損，我即以後腳上步，腳尖裡勾向對方膝步蹬踹，對方撤步後退，我即墊步飛腳向對方膝、襠部再攻（圖 6-98、圖 6-99、圖 6-100、圖 6-101）。

(四)馬形鍛鍊要點

1.身　法

兩臂擰裹前衝猶如馬之奮蹄，動作協調配合，雙腳進步與上肢的配合要連貫不停，雙拳前崩，上體不可起伏搖晃，腰要塌，臀部前送。雙拳前崩時要提氣，用力合於意

圖 6-98

圖 6-99

圖 6-100

圖 6-101

氣，丹田提氣節制呼吸；俯身前崩，要表現出節奏感來，還要勁意連綿，雙手上鑽，束身待發，目視前方。

2.手　法

雙手上鑽，兩肘裹肋，翻轉下栽，雙臂不離中線，起到保護要害的作用，舉臂不能過高，兩臂抬鑽幅度要小，護腮而翻，雙拳前崩要有抖勁，拳腕略扣，拳心朝下，與

胸齊高，兩肘微屈，力達拳面，雙臂內旋翻轉，迅速向前
撑轉崩出。

3.步 法

要有義馬引路之意，在步法上要求後腿用力蹬地，前
腿極力遠邁，要突出馬在奔騰中前衝的特點，周身協調完
整。在前腳前進的同時，後腳再極力向前擁勁，體現出馬
的蹄疾之功，即稱為疾步。

五、鼉形拳

鼉形是形意拳「十二形拳」之一，鼉形採取其浮行擒
捉，拿臂探手之勁，刁手迅速、躍步輕靈之特點，運用在
搏擊中，曲中求直，擒拿刁扒，如鼉運技在前鑽後翻之平
圓的攻防技法上，分力化彼而做顧己之勢，隨曲就伸，一
顧就打，形成了一種顧中有打的攻勢。

（一）鼉形在搏擊中的理念

鼉為水中之物，相傳是龍的變種，是鱷魚之屬。其身
體有力而又靈敏，凶猛異常，善於浮水。本拳仿鼉的這些
特點因而名為鼉形拳。

鼉有浮水分浪之能，又有翻江倒海之勁，其浮水漫游
之輕靈，猶如魚翔水中，搖身擺尾，靈活自如，真是：
「翻江倒海勝蛟龍，兩臂撥轉在腰功。浮水漫游曲折進，
兩手連環胯需沖。」「翻江倒海生猛性，分波避浪身形
靈。悉細推究防錯謬，玄妙之中藏其精。」在搏擊中，技
法上取其性能，用其形外合內順，丹田氣足，靈通於腰

背，活潑於臀胯。能調筋練氣，身如鼉之能，能使筋骨轉弱為強，易拙為靈。

（二）鼉形在搏擊中的運用

鼉形在搏擊應用中，左右側步跳躍，順步探手刁拿敵腕，借腰背旋轉之勁，向兩側牽引敵手，使之落空，不必高縱遠躍，以閃展騰挪見長，前後臂互換是由腰部的旋轉所形成的。腰部旋轉，兩腿必然相隨，也就是周身一致上下相隨。它是橫拳的一種變形，前後以陽手上鑽前伸再內旋呈陰手刁回；後手隨腰而轉，由胸口出，用虎口尺骨攻擊，左右連續進行。也可以前手接敵手，後手接敵腕向側後牽引，其打法均需用肘，肘為一拳搖胯活胯，進攻以彈抖力發勁。

拳譜中論：「鼉形須知身有靈，拗步之中藏其精。安不望危危自解，與人何事須相爭。」

（三）鼉形實戰技法

1. 領手攻心

對方用右手向我上路攻來，我即上左腳，右腳跟進，同時左手從右向左上領對方之手，右手隨之提於腳前向對方胸口攻擊，手心朝上，同時腰背向左旋轉。對方另一手反擊，我即右腳橫移，右手著力就勢向上內旋，向右後領對方反擊之手以卸力化解，同時左腳上步控制對方下肢，在領手的同時左手提於胸前，以小臂屈肘前湧撞擊對方心胸，右手外擴橫推，向右轉身擰腰，使對方向後跌倒。掌握好在左手屈肘攻胸心時，周身上下相隨前湧，渾然整勁

圖 6-102

圖 6-103

向前發放（圖 6-102、圖 6-103）。

> **注意：**一定要悟到肘之湧打屬暗勁操作，形意拳的打是全身體的「湧打」，並非某一部分的「點打」，步到身湧這種打法是上乘的整體打法，顧打兼施的「點打」是見仁見智的理所當然。

2. 擒手攻肋

對方拿左手向我襲來，我即右腳右跨，左手從胸前由下向上內旋擒拿，並向後領對方之手，腰背向左擰轉，同時右手上提向前右橫擴，手心朝上沉肩湧臂，向對方肋部打擊。

對方用右手化解，我則速用右手沿對方臂下內旋，

圖 6-104

圖 6–105　　　　　　　　　　　圖 6–106

著力後領，同時左腳上步控制對方下肢，左手從對方臂上的向對方脖頸猛烈橫切。在對方上肢受捋領自然產生後傾時突然切脖，右手前抖，靠身壓肘，使對方向後傾跌。

　　如果在我右手後領時，對方前抨化解，則我左手外旋，雙手同時向右後牽引，向後撤步，使對方前爬（圖 6–104、圖 6–105、圖 6–106）。

注意：一定掌握好兩臂如兩條蛇，步踩三角，猶如鼉之運技，兩臂撥轉在於腰胯的撐轉與上步的配合。

3. 拿手托肘

　　對方右拳突然向我進攻，我左腳左跨，右手以鼉形掌內旋後領卸力，同時右腳上步，左手托對方肘關節，左手上托，右手下壓。對方受力化解，我即左腳順進，左手屈肘左橫向對方肋部靠撞，左腳控制對方下肢，使其受挫（圖 6–107、圖 6–108）。

圖 6-107

圖 6-108

注意：掌握好托肘以寸勁彈抖，橫肘以柔勁而入，上下相應，腳手相連，橫肘撐腰，右手左推右擴，以防對方另一手反擊。

4. 領手扒摳

我右勢站立，對方以右拳向我沖來，我則右手順其勁，將對方手腕向右領，左手隨之抓托對方右肘臂，同時左腳上步，右腳跟進。左手就勢內旋下壓，右手以冪形掌內旋向前探，翻手向右勾、扒、摳、抓對方臉部。對方以左手防禦上架，我右手就勢黏臂向右後擒刁領捋，左手同時向前向左撐肘摳扒對方臉部。摳、扒、

圖 6-109

勾、抓時向左擴肘是為了隨時化解對方右手反擊。掌握好摳抓為剛勁，也可用甩扒，注意扣膝護襠，此動作反覆進行，黏身而為，以打擊敗勢為主（圖6-109、圖6-110、圖6-111、圖6-112、圖6-113）。

5. 拿手撲胸

我以右勢站立，對方以右拳向我打來，我以右手架

圖6-110

圖6-111

圖6-112

圖6-113

圖 6–114

圖 6–115

擋，對方旋即左手向我衝
來，我則右腿迅速前跨，以
左手刁拿對方左手，右手隨
之上提，以手背向對方肋軟
骨橫彈。

　　對方右手反擊，我即以
右手從左臂裡反折外旋，上
鑽以鼉形掌拿手，左手前掩
對方之肘，左腳向前進步控
制對方下肢，我雙手內旋奮

圖 6–116

力前推，將對方右臂橫壓於其胸前，雙手極力前撲向對方
胸部攻擊，使對方後摔（圖 6–114、圖 6–115、圖 6–
116）。

　　注意：掌握好內旋掩肘，由柔至剛，整勁發放，前撲後
蹬，擁身推撲。

圖6-117

圖6-118

6. 肩靠翻扒

　　對方右拳向我出擊，我即左腳左跨，我在左跨同時右手上領拿手，左手提於腹前由臂至肘、肩向對方靠撞，隨之右手橫擴下捋，身體以雙腳跟為軸向右擰轉，對方受力自然向前傾跌，左手靠撞，著力

圖6-119

從右臂裡外旋至胸前折回翻內旋，極力勾扒刁對方臉部，使對方在向前跌爬時臉部同時受挫（圖6-117、圖6-118、圖6-119）。

　　注意：此招法一定要一觸即靠，不論對方招架與否，一擒即靠，一靠即翻手反扒。

圖 6-120

圖 6-121

7. 攻心抓髮

　　對方右拳出擊，我即右腳上步，左腳跟進，用右手以鼉形掌拿腕，在手拿腕的同時左手掩肘。

　　對方左手反擊防守，我即以左手反手後領，以右手向對方心胸要害部位打擊，對方式必下截，我則右手就勢黏隨，反手鼉形掌刁拿，

圖 6-122

左手從自己右臂裡上鑽，以鼉形掌內旋翻手抓對方頭髮，腳向後滑步後撤，同時雙手猛力後拉（圖 6-120、圖 6-121、圖 6-122）。

　　注意：掌握攻心爲虛，抓髮爲實，欲實先虛，起手變化，得手而拿，隨勢而擒，因勢利導，就勢而抓。

8. 退步卸力，滾肘反擊

對手連續進攻，左右手互易強進，我則以鼉形掌右手領右，左手領左，退後避鋒卸力。後退時即領反捋，使對方無著力地方，對方進，我則即領即退，瞅準機會左手後領，右手從左臂裡向左前上鑽，翻手內旋以肘臂滾壓對方右側頸肩，翻為陽手，肘向右橫擴滾壓，拿對方右後腦脖頸向右下勾拉，並向右擰腰轉髖，左腿後撐使對方爬跌（圖6-123、圖6-124、圖6-125、圖6-126）。

> **注意：**此動作要上、下配合密切，以柔克剛，明化暗肘，轉身撐腿，滾肘抓扒下搋，都要體現出兩手連環胯須沖，如浮水漫游，靈活自如，翻江倒海勝蛟龍的鼉之形。

9. 回身擊陰

對方右拳沖擊，我即左手領化，右腳蹬襠。對方後撤，我即右腳落地左腳後插，右手同時上打擊對方面部，著力下翻，向對方襠部反打。對方向我頭部反擊，左手向

圖6-123

圖6-124

圖6-125

圖6-126

圖6-127

圖6-128

左領化，右手手心朝上向對方的胸部攻擊，此招指上打下，起落變化莫測，反覆進行（圖6-127、圖6-128）。

10. 抄腳推肩

對方左手崩刺，我以鼉掌拿左手，左領拿腕，右手擊肋，同時左腿左橫移。在右掌擊肋的同時，右腳向左抄對方左腿。對方自然提膝防守，我則右腳反身後撐，腰背左

圖 6-129

圖 6-130

圖 6-131

圖 6-132

轉擰身，右手折回翻手將對方肩部向左前推，使對方前爬傾跌（圖 6-129、圖 6-130、圖 6-131、圖 6-132）。

注意：此動作一定掌握右腿左抄後撐，前後齊發連貫，靈活變化，明手暗腿，右手推肩，左手下捋與右手右腳配合密切，快速猛烈，表現出鼉之逐浪分浪身形靈，外合內順，翻江倒海之猛性。

鼉形實戰技法，在搏擊技擊過程中絕不能死搬硬套。作為一名技擊高手應該知道，從套路的演勢來講，考慮了健身的一面，如果僅按照練時的拳勢去實戰，那麼在搏鬥過程中你會自然感到動作單一，力不從心。無論何種拳法套路在實踐中的理念應用方法，實戰實踐是至關重要的。拳法套路實戰應用在搏鬥中，以其拳法為主，或以其轉換組成相當威脅的「組合打法」才能收效，但還要必須專練，實戰實踐。

紙上談兵，誇誇其談，那只是講拳而已，絕對是不能上手搏鬥，與人較量的。在實戰中鼉形的應用，是用鼉形掌，還是用拳，還是用形意掌，是要看對方的形式而定，在瞬間變化中而變。形意拳的特點之一是在行拳攻擊、發勁時的任何一個「時點」和「時段」上，其勁力和方法都不是單一的，而是在不斷地變化的。

（四）鼉形鍛鍊要點

1. 身　法

手眼、身法、步法上下相隨，周身協調，尤其強調以腰為軸，用腰帶動四肢動作，腰塌身正頭頂，既顯示出翻江鼓浪之氣勢，又要體現出浮水漫游之輕靈，搖膀活胯，手、足、肩、胯均不可僵直死板，周身活潑而富有彈性。

2. 手　法

鼉形手型：大拇指和食指分開，其餘中指以下三指自然微屈便於勾掛，以陽手鑽平翻為陰手，另一手上提至腹前，以便於刁攻。在身體微左右轉動時，手法以前掌上翻至額前，掌心翻轉，掌心斜向外停於額前，掌的左右擺動

要連貫，以腰帶臂靈活不滯。鼉形手法是橫拳的變種，既似太極雲手，又像捋手。

3.步　法

左手、左腳齊向左方前進，左腳著地，右腳跟進，左右互換動作相同，一氣連環上下不斷。後腳跟步，屈膝收於前腿腳內踝側形呈摩脛步，以起鑽落翻手型，步法左右交替；可躍進，可躍退；可順步進，亦可退步。表現出「鼉有浮水輕，進走剪子股」。

六、雞形拳

雞形是形意拳「十二形」拳之一，雞形拳採取雞步輕捷而穩當、啄食迅速而準確的特點。在搏擊運用中通過多種進退轉換的身法、步法、手法，充分展現全身的靈活性和完整性，是一種具備了竄步、膝打、腳蹬，慮謀鬥智，鬥振翼威的虛實靈通和變化無窮的實戰技法。

(一)雞形在搏擊中的理念

雞有獨立之功，振羽之威，爭鬥之勇，啄食之巧，並且有晨可報曉之功能。雞其性屬禽，而生活於陸地，生性善鬥，鬥時皆以智取，口鋼能啄，兩腿連環而能獨立，爪能抓地也能蹬，生威抖翎能騰空，進退無時，往來無定。演練成拳，運用於人體隨時生能，力量大。

雞形拳是一個組合套路。動作模仿雞的特長，內容豐富，結構嚴謹，體現了上述的功能。雞形碰撞取其有獨立之功和蹬抓之技、抖翎之威和其善鬥之勇，運用於搏鬥

中，「雞有獨立功，竄步用腳蹬。二龍飛戲珠，膝打人不明」。

（二）雞形在搏擊中的運用

有歌曰：「金雞爭鬥最為勇，隨高隨低打法靈。提踏有力伸縮妙，虛實靈通變無窮。」再曰：「雞有奇鬥振翼威，拳中雞腿總不離。時晨報曉催人勤，獨立啄米兩功奇。」

在技搏中，雞形技擊左右腿交換提起前進呈獨立步，雙手交替互易前伸，打擊時敏捷、穩當、準確。

雞腿是形意拳要求的全身體的外表形象，體現的「四象」之一。之所以形意拳十分重視雞腿之步伐，因為雞腿在站立時，有站立平穩的特性；在運動中又有提低踏遠、變化敏捷之特點。雙重滯，單重則靈，雞腿之要義在於身體重心在搏鬥中置於兩腿之間的變化互換，不論在進退、翻轉、起伏等等變化中靈活而敏捷，迅速而穩重。

雞腿在搏鬥中的表現，諸如前腳虛、後腳實時為雞腿。前腳成實，後腳成虛；一腳獨立，另一腳提起時；三體勢運動前三後七，都為雞腿。當後腳變前腳，向前進步在正落未落之間，後腳蹬勁，使前腳再進時，還為之雞腿。所以講雞腿並不是在某一個定勢動作中體現，而是要在每一個動作的運動過程中體現出來，「步步不離雞腿」這句話對實戰技擊有著很重要的使用價值。

正如拳譜中所論：「將在謀而不在勇，敗中取勝逞英雄。試看雞鬥虛實敏，才知羽化有靈通。」

（三）雞形實戰技法

技擊家惟有志和智，才能虛實於一心。技擊者絕不能單恃血氣之勇和力氣，智足、技精、勢多則能隨機應變。智可以發揮高度的技巧，在搏擊中掌握好「多變主動，少變挨打；招無定數，忽高忽下；不於鬥力，且息忍之；新力未發，舊力略存；乘其不備，順其之勢；借人之力，出其不意；突然襲擊，上乘之功」的技擊道理。

1. 攻胸擊頦（金雞鬥志）

對方向我直拳打來，我則左腳上步，以左手在對方手之上迎手著力，順勢抓住對方擊來之拳，用力回帶，使其上體前傾靠近自己，同時提右膝頂撞對方胸腹要害部位，右手隨即同時從自己左手背上向前上方發勁，以掌根搓擊對方下頦，並以沉勁發放，以巧力制勝，右膝和右手的勁力同時攢出。對方迎擊化解，用同樣的動作左右互易（圖6-133、圖6-134、圖6-135）。

圖6-133

圖 6-134　　　　　　　　　　　圖 6-135

注意：雞形動作務必是挺腰、豎項、頭領，勇往直前，兩手摩擦，兩腳踝緊貼，手腳出入必由中道，以免失誤。

2. 托肘膝頂肋（金雞獨立）

我以左手向對方突破，對方迎手刁拿我左手。我則迅速用右手從左臂下向右外橫，內旋反拿對方手腕，左手隨即外旋前順向右托對方之肘，同時右腳墊震提左膝頂對方肋胸部，呈金雞獨立之勢。進攻、防守要看對方之勢，左右互易，如果我拿對方手腕屬順肘，左手即採用捩肘。掌握好托肘與提膝，同時進行托肘為顧，膝頂撞為攻，擒手要迅速（圖 6-136、圖 6-137）。

3. 膝攻拳崩（金雞食米）

對方來勢，我即以右手由心口上鑽，化解迎擊。對方式必卸力反擊，我則氣震丹田，原地猛墊右腳，吸氣提左膝，攻擊對方小腹，左手同時下按對方反擊之四肢，或以

圖 6–136

圖 6–137

掌切對方胸部。左腳著力落地，同時右手直拳向對方心胸要害部位猛烈崩擊，左手護於右手腕，注意掌切與提左膝同時進行。左膝頂腹落步可踏對方腳背與右手崩拳同時完成，並掌握左手上鑽回落後捋與右腳墊步同時完成（圖 6–138、圖 6–139、圖 6–140、圖 6–141）。

圖 6–138

圖 6–139

圖 6-140

圖 6-141

4. 架撐撩陰（金雞抖翎）

對方向我頭部擊來，我即左腳進步，同時右手內旋迎架對方之手，向右擰腰，左手屈肘經胸前，向左朝對方肋軟骨直頂，並且著力即下翻，向對方襠部打擊反撩，使對方受損。上勢不停，在對方襠部受擊身體空提之機，乘機身體右擰，同時右手向右下拉拽，左手撐肘右鸞，左胯向

右擺，使對方騰空前爬而摔（圖 6-142、圖 6-143、圖 6-144、圖 6-145、圖 6-146）。

掌握要領：右手架撐，左手頂肘，反手撩陰一氣呵成，撐腰頂肘要沉身，使用彈抖寸勁。撩陰反手、右臂撐架、向右擺髖要體現出金雞抖翎之威。

圖 6-142

圖 6-143

圖 6-144

圖 6-145

圖 6-146

5. 近身摔（金雞抖翎）

金雞抖翎有抖尾翎、胯打之意。胯在搏擊中運用，胯有上起挎領之意，其主要用於摔法；打法之中胯有縱橫跳躍之意，主要講步法，有進退反側、閃展騰挪之靈。雞形中的胯打，在技擊中主要的作用是抖，是發抖絕勁時不可缺少的勁節。雞形的胯打是一種近身摔法。

當對方向我上路發動攻勢，在與我距離很近時，我即以右手內旋挑肘掛進，向右後領，左腳隨即上步迅速插入對方兩腿之間，落於對方左腳裡側，同時左手挑擊對方襠部；且在對方受擊身體空提之機，身體右轉以臀部撞擊對方小腹。

動作不停，右手隨即同時內旋右拉，挑襠左手進插，肩撞湧身而起，將對方扛起過肩而摔（圖 6-147、圖 6-148、圖 6-149、圖 6-150）。

圖 6–147

圖 6–148

圖 6–149

圖 6–150

掌握要領：下手要果斷，挑襠、胯撞、肩靠、湧身扛起要快而緊湊。左腳的上步擺胯，臀擺、撐腰、提肘、轉髖、起身與右手拉、左手挑必須協調一致，渾然一體，形隨意轉，一氣呵成。這一動作適應力量型技擊者，要有渾厚的功底和清醒的頭腦，具備實戰經驗。

6. 反身挑襠（金雞上架，金雞報曉）

形意拳反身則是一種輾轉反側、防顧背側襲擊的一種打法，而且是反身時必須於瞬間迅疾反傾，間不容髮，只有鍛鍊有素，才會全神貫注，反擊也是一剎間將敵制倒。

對方從我右後側攻擊，我必須向一側跳出，也就是向右後轉身，左腿稍左退，右腿提靠於左腿脛，右手下插於自己襠前。左手托於右肩上，擋住對方從我後擊來之手，右腿即猛速插入對方中門，右臂向敵襠挑起，並以肩右靠，湧身撞擊，將對方擊倒。

一定要掌握好對敵搏鬥的時機，敵情瞬息萬變，必須隨機而應，不可拘於成規，導致失誤，形意拳反身攻擊，必須身法靈活，步伐敏捷，一瞬間閃轉騰挪退之（圖6-151、圖6-152、圖6-153、圖6-154）。

7. 橫砍膝攻（金雞鬥翅）

對方向我中路雙拳攻來，我即向內屈肘護心格擋對方之手，兩臂掩肘同時外旋，以刀手向裡橫砍對方頸部，上

圖 6-151

圖 6-152

圖 6-153

圖 6-154

勢不停，同時左膝上提撞擊對方小腹及襠部。對方防守反
擊，採取雙峰貫耳向我攻擊，我即順勢兩臂內旋外擴，右
腿同時前蹬對方膝蓋下部，對方受擊自然前傾空提之機，
我即俯身雙手抱腿，上提肩湧，或者左手穿襠，向右側將
對方摔出（圖 6-155、圖 6-156、圖 6-157、圖 6-158）。

圖 6-155

圖 6-156

圖 6-157

圖 6-158

　　掌握要領：肘的內屈外擴以柔勁克對方之襲，提膝頂蹬與上肢連貫一氣之開合，俯身抱摔要果斷，肩部緊貼對方髖部，頭部緊貼對方身體，以防反擊。

8. 按胸捏喉（金雞叼嗉）

　　對方雙拳直崩向我襲來，我即左腳向左上步，兩臂屈肘外旋夾擊，對方雙肘向下格擋，同時右膝上頂對方襠

圖 6–159

圖 6–160

圖 6–161

圖 6–162

部，對方卸力以雙峰貫耳反擊，我即雙手內旋外擴，右膝前頂順勢前蹬對方下路的要害部位，腳落踩踏順進中門，右手隨即下按對方胸部，左手向對方喉部猛捏（圖 6–159、圖 6–160、圖 6–161、圖 6–162）。

掌握要領： 兩臂夾擊和膝頂肘擴腳蹬要協調一致，保持全身完整平衡，按胸捏喉要含胸合肩且快速，抓捏要注意順肩。

雞形在搏擊應用中，在練法上是一個組合套路，在用法上可以單招組合，也可連續以勢而用，但必須有金雞鬥勇的精神，頭頂項豎，尾閭中正，含胸拔背，提肛實腹，磨脛而行，起步輕捷，落步穩當。凡練習者應當虛心誠意，專心致志，潛得生化之道。

(四) 雞形鍛鍊要點

　　雞形的鍛鍊要點主要掌握兩腳輕靈穩健，頭正肩平，上體不可俯仰歪斜，手腳齊到，挺腰順肩，做到伸縮柔和舒適自然。金雞上架的右膝上提與兩掌的上穿下插同時完成；金雞報曉右臂前挑，右腳落地，左掌下落踩按也要求同時完成，兩臂掌握微屈。

七、鷂形拳

　　鷂形是形意拳「十二形」拳之一，鷂形拳取其翻身之疾、入林之巧、束翅之威、鑽天之勇的特點，運用於搏擊中，在技擊方法上束身而起，翻身而落，表現了靈巧和雄勇的特點。

(一) 鷂形在搏擊中的理念

　　鷂子屬於猛禽中的一類，在禽中是兇而靈敏的動物，其既有翻身之巧、入林之奇，又有展翅之威和束身捕物之捷，並且有鑽天之勇性。鷂子羽翼剛健，空中滑翔持久不怠，且目光銳敏，無微不矚，登枝入林更是它的本能。取鷂子這些特長，演練成拳，模仿其動作編製拳法，著重鍛

鍊人們在搏鬥中的身法和手法的變化。

在技擊運用中舒身縮體，起落翻旋，左右飛騰，外剛內柔，靈巧雄勇，沉穩而靈活。鷂形對肩、腰、胯的動作以及眼神的配合，都有很高的要求，既要勁力完整，又要動作準確。鷂形動作為直線進行，「鷂子高空落，入林不損身」；鷂形「翻身束翅顯威風，入林鑽天是技能。拳貴貴在形連意，勁力完整體欲衡」；又有「鷂子束身疾飛翔，左右翻身舞鳳凰。何懼敵物來攻打，身避入林是它長」的比喻。

(二)鷂形在搏擊中的運用

鷂形在搏鬥中技法運用多以兩膊之力，兩膊並不直前後去，只是身體稍取斜勢，兩膊一抖，展翅側手體現入林之巧。鷂形搏擊起落有準，用膀撞打，避實擊虛；束身而起藏身而落，撲撞抓捉，上法巧，腳底靈；鷂形打法用膀尖，提氣束身進如箭。

拳譜中論：「古來鷂飛有翱翔，兩翅居然似鳳凰，試觀擒捉收放翅，武士才知這勢強。」習武者學習此形最當注意研究，靈光巧妙，才能得到真正的技巧，而終身用之不盡。鷂子鑽天以上步鑽拳迎擊對方崩拳，順步左炮拳為鷂子入林避敵峰。鷂子翻身屬反身縮身避敵，刁拿敵腕，擊肋還擊，或橫壓敵手，出拳崩擊，鷂形搏擊運用是連珠進擊之法。

(三)鷂形實戰技法

1. 鷂子翻身之一（拿腕擊肋）

對方向我直拳擊打上路，我即左順步鑽拳迎擊對方來

勢，著力內旋拿腕，右腳跟進，右手同時向對方肋部擊去。對方另一手還擊，我即左腳後撤，縮身避開對方拳勢，右手就勢內旋接手拿腕，左手同時向對方肋部擊去。對方還手反擊，我則後撤步，左手順勢後捋對方之勢，左腳右插左撐反身，右手從左肩上向下橫壓對方反擊之勢。左腳順步疾進，左拳直崩對方腹部，右拳向對方面部緊劈，右腳躍起奮進，左腳跟進，右手劈拳要合力挺抖，狠狠極力發放（圖6–163、圖6–164、圖6–165、圖6–166）。

掌握要領：拿腕要肘擴膊抖，擊肋要膊摧臂抖，拿腕擊肋同時完成，側身斜抖，呈現出鷂子入林之勢。插入後撤反身時要用膀靠撞，撐腰反身要提氣束身翻旋，體現出外剛內柔的翻身之巧。

2. 鷂子翻身之二（纏臂挑臂）

對方左拳刺來，我即以左拳上鑽迎擊，著力內旋拿腕，同時左腳寸進，右腳上步順進，右拳隨即同時從對方

圖6–163

圖6–164

圖 6-165　　　　　　　　　圖 6-166

左臂上向前橫擊對方胸腹，著力對方化解卸力。我動勢不停，右手從對方左臂下從裡向外、向上、向裡翻纏對方大臂，右腳同時後撤，左腳後插，身體向左擰轉翻旋，左手擒拿對方左腕不放，繼而下壓，右臂向右後上挑內旋。動勢不停，上身繼續擰轉向左，同時右腳後撐敵腳，右肘上挑，使對方向左前方跌爬（圖 6-167、圖 6-168、圖 6-169）。

圖 6-167

圖 6-168　　　　　　　　圖 6-169

> **注意：**要隨機應變，纏臂插步要協調一致，快速果斷，擰身勁氣完整，腳手一致。

3. 鷂子翻身之三（掛肩別肘）

　　我左腳上步鷂子鑽天，以左掌向對方面部直鑽，對方上右腳右手格擋。我則內旋翻手扣腕，抓拿對方右手腕，右腳同時上步，右手同時在左手拿腕之機向對方肘下插入外旋，膀摧臂向右後湧，把對方肩腋上掛，對方受力化解卸力，我即左手壓對方手腕，右臂內旋向上別對方之肘，身體左轉擰身，右腳後撐，臂合力順勢左橫，右肘同時沉靠對方胸腹，並擴肘攔擋對方另一手反擊，使對方仰面後跌（圖 6-170、圖 6-171、圖 6-172、圖 6-173）。

> **掌握要領：**左手上鑽是虛手，突破對方，對方接手不快即變為實。翻手拿腕，右臂隨即前插上掛，對方防守反擊，即時右別肘。重點在於手的感應靈敏，變化多端，奮力擰身靠肘。對方反擊猛烈，我即撤步反身劈拳，鷂子鑽天反顧即打，隨機應變。

圖 6-170

圖 6-171

圖 6-172

圖 6-173

4. 鷂子翻身之四（俯身掛腿）

對方左手進擊，我即以右手向後橫擴，左手入進外旋以小臂橫擊對方胸腹。對方右手反擊，我左手順勢內旋向左橫擴肘，右手同時就勢從對方臂上內旋纏臂向左下繞，右肩同時向對方胸部撞擊。上勢不停，右腳上步，左手拿腕向左右拽，隨即右手向下，身體隨臂下俯，同時右手內旋將對方右

腿向後撩掛，全身隨即向左合力渾然左搾，將對方向左前方
搾出；或者用右手壓膝側關節，坐髖下沉使對方跪搾（圖
6-174、圖6-175、圖6-176、圖6-177、圖6-178）

注意：上步掛腿要迅速，形隨意轉，肩靠頂壓胸腹要準確
協調，繞臂要用內勁，操作快速敏捷。

圖6-174

圖6-175

圖6-176

圖6-177

圖 6–178

圖 6–179

圖 6–180

圖 6–181

5. 鷂子翻身之五（靠背肘撞）

我以右勢站立，對方進右步以右拳摜打，我向左跨步閃開對方拳峰，右腳向左腳前上步，以右手橫攔對方手腕，身體微右轉，左手屈肘左橫擊對方胸肋部。左腳前插置於對方右腳後，轉動不停，雙手胸前交叉，與對方背靠背，立即腰胯下坐，雙肘後頂。上動不停，繼續右轉，左

圖 6-182　　　　　　　　　　圖 6-183

手從右肩上向下壓對方反擊之勢，右手從左臂裡向前鑽
擊。此技擊法特點是：貼身要緊，動作要快，力量充足，
轉身要敏捷，撞打發力要狠，巧妙靈活，反擊要果斷疾狠
（圖 6-179、圖 6-180、圖 6-181、圖 6-182、圖 6-
183）。

6. 鷂子束身（踹膝擊襠）

對方右拳向我擊來，我則左手向右向下橫攔對方來
拳，同時右腳向對方膝部踹蹬或彈戳，對方後撤化解我踹
腳，我則右腳前落。我上動不停，左手手心朝下繼續向下
橫壓對方反擊之上肢，將對方上肢封住，我右手同時從左
手臂上向前向下朝對方小腹及襠部攻擊，手心朝上以勾拳
下栽。右腳前落後腳尖外擺，左腳跟前湧，勾手擊襠，身
體下墜，呈歇步龍形式。

此勢明腿暗拳，指襠打襠，腳踹為虛，手打為實，左
手封右手打，腳起腳落，墜身拳順，體現鷂子束身，起落
變化，難測難防（圖 6-184、圖 6-185）。

圖6-184

圖6-185

圖6-186

圖6-187

7. 鷂子入林（左炮拳崩胸）

我以右拳向對方突破，對方迎手反擊，我即右手著力就勢架撐向左橫擴，左手向對方心胸直捅。左腳向前縱步順勢而落，右腳隨之跟進，身體由低到高、由後向前縮身而展；右手挑、架、撥、帶橫於右額前。左手從胸前直奔前捅，體現了鷂子入林勇往直前，飛躍撲打之勢（圖6-186、圖6-187）。

8. 鷂子鑽天（連環劈鑽拳）

對方快拳進攻，直拳不止，我則以鷂子鑽天勢，前手順步下劈，連将帶壓對方之手，後拳外旋順步上鑽對方頭部要害部位，後手即鑽即翻內旋就勢下劈，另手再鑽再劈，左右交替。順步躍起左右換步，前腳縱進，後腳跟進而落，躍起下劈壓，一縱而起順步而落，一劈一鑽連環進擊（圖6–188、圖6–189、圖6–190、圖6–191）。

圖 6–188

圖 6–189

圖 6–190

圖 6–191

9. 鷂子回頭（肩撞、撩襠）

對方來勢凶猛，我則左腳步向前，身體左移，右手隨身體左移，同時拳心從右向左向下扣壓對方來勢，左肩隨時向左靠對方，左拳同時從右臂裡向左以仰拳上鑽，使對方五官受損；對方迎架或反擊，我即右手從肘下橫撐對方上肢，左手即內旋下反手以指襠捶向對方陰部撩打，著力即翻，向上挑襠（圖6–192、圖6–193、圖6–194、圖6–195）。

圖6–192

圖6–193

圖6–194

圖6–195

> **注意**：下鑽擊襠身體右俯回頭看左手，挑襠著力，同時抬頭注視右手扒擒腕。左手挑肘，兩腿微屈呈半馬步下蹲，挑襠採用抖旋，用腰勁轉抖帶動四肢渾然連貫，手到眼到，一氣呵成。

實戰搏鬥中應該清楚這樣一個道理，理論和實踐、演勢和搏鬥是截然不同的兩件事，有搏擊經驗的高手都明白，最有打擊力的某一動作在你手裡並不一定能打得了人，某一平淡的技擊手法，在你手裡也可能成為殺傷力很強的技法。

這主要是看你功夫練得怎麼樣，搏鬥的實戰經驗發揮和你遇到的對手如何，明白了道理就什麼都好辦了。搏擊高手是打出來的，並不是套路耍出來的，也不是用古人的遺訓念出來的，更不是用哪個名人的理論講出來的。

(四) 鷂形的鍛練要點

1. 身　法

鍛鍊鷂形，身法要點是鷂子翻身，實為翻腰，起落翻旋，舒身縮體，左右翻身，外剛內柔。在轉體穿掌過程中，掌隨腰轉，腰隨步翻，主要掌握好腳的轉動要靈活，兩腿微屈插步轉身與腿的配合要協調、靈活、連貫，不可僵直死板呆滯，必須提氣束身；撐腰翻身要巧妙靈活，由縮而展，左右翻身好比鳳凰飛舞。

2. 手　法

兩翅側手，入林之巧，由低而高，由後而前，直臂前沖，鑽天之巧，取鷂形之意，形象逼真，勁力完整。仰拳

外旋上鑽經胸前上鑽，拳心擰轉向上，肘尖下垂。鷂子翻身兩臂的上穿、後插、托掌要與插步轉身配合一致。入林之上架之手，要邊向前邊向上向外橫、挑、架、撥、帶停於額前，眼神要緊隨拳掌的擺動運轉而轉動，手到眼到。

3. 步　法

順步躍起，左右換步而落，插步後撤，兩腿微屈，連貫圓活，手肢和順。上步沖拳入林勢不能前傾，臀部不能外凸。翻身時以腳掌為軸，鑽天勢左右弓步轉體要以兩腳跟為軸。鷂形步法沿直線前進。

八、燕形拳

燕形拳是形意拳「十二形拳」之一。燕有鑽天之能，躍身之法，又有抄水之巧，向水而落，沾水而起，飛騰高翔之妙，兼回身之靈、動轉無聲之奇等特點。運用於搏擊之中，採取掠水之能，其動急直追，連手而進，連續進擊，下伏而起，上步撩陰專攻下節，上下翻騰，具有一種特殊的跳遠技擊作用。

（一）燕形在搏擊中的理念

燕子是飛禽中最輕巧、最敏捷的動物，體小翼長，善於飛翔，閃避折轉非常靈敏，伸縮莫測，束長如一，鑽天觀頂抄水視足。拳中取於燕形，生輕妙之靈，取其輕捷之意。演練成拳，鍛鍊人體在運動中起伏下勢、前縱獨立和旋轉等技巧，對腰、腿、肩、髖等部位都有較好的鍛鍊作用。在搏擊運用中，動作快速敏捷，既縱得遠，又落得

輕，左右旋轉，身體穩健靈活，神形合一，上下相隨，完整不懈，靈活、快速、有力。拳譜曰：「試看燕子取水巧，動靜都有意中空。」「抄水敏捷回旋靈，性屬陰陽剛柔勁」。

(二)燕形在搏擊中的運用

燕形在搏擊中的運用主要是形意拳中惟一的跳運法，對急退之敵予以追擊，以蓋步刁腕、撲步砍肋、踐步撩陰三部連續構成，具有特殊技擊作用。其極力遠踐、挺腰而起、抖腕而出，三者構成緊密配合的三級跳遠法，三種手法與三種步法上下緊密相連，連續進擊，後腿蓋步而上以近敵身，後手刁腕後引，緊接另一腳上步，另一手橫砍敵肋，即撲步下伏呈抄水勢掠地而起，後腿踐步上隨，攻下撩陰，隨身起伏，迅速翻騰。

燕形的運用，多在用兩膊，斜身側抖注於手，左手裡裹，右手左下鑽，挑與眉齊，兩膊分開，伏身而進，左手順腿而出。燕形打法以靈快為主。

「燕子不喝低頭水，單翅抄手抬頭引。抬頭調身穿門去，巧妙之中悟其真。」拳譜中論：「一藝求精百倍功，功成雲路自然通。扶搖試看燕取水，才識男兒高士風。」學習者需細心研究。

(三)燕形的實戰技法

燕形的實戰技法，是以三種手法與三種步法相連貫、相結合的連續進擊法，是形意拳惟一的跳運法，用以乘勝追擊急撤之敵。但是應該清楚，在進擊時要因人而異，因

勢而變，根據具體情況來決定，掌握好膝進有頂撥，足進宜低人。應該知道：「退步高，進步低，不知進退枉學藝。」總之，在進擊時一定要在對方重心暫時微偏或被我嚴加控制時，一鼓作氣，一往而不返，絕對不能冒進。因此燕形以蓋步、撲步隨身起伏，踐步而進的方法攻擊退步急撤之敵。還應該明白在搏鬥中，動作的運用生搬硬套是不行的，用現代搏擊的眼光看問題，只能說是不懂技擊，要加強動作的鍛鍊和實戰的演練。

對於自己掌握的招法要精通，熟能生巧，才會因地、因人、因勢而隨機應變。燕形在搏擊技法上靈活運用的關鍵是燕形技擊蓋步以插步而進，撲步、踐步完全可以下蹲為行進的手段，任何時候都要因地制宜，隨機應變，得心應手，隨心所欲。作為一名技擊高手絕對不能在搏鬥中受限於任何一種客觀因素，主觀因素必須要具備一個狠狠打的心理狀態，才能全力以赴。

1. 掛腿挑襠（燕子銜泥）

對方（右）以高腿向我上路踹來，我即踐步的同時身體下蹲，右手同時迎架踹來之腿，閃開對方腳鋒，右手架撐，右領拿腿，左手挑襠，左腳左撐。右手領左手挑，在對方受擊同時，身體右擰腰臀，將對方摔倒，或過肩摔（倒口袋）（圖6-196、圖6-197、圖6-198）。

圖6-196

圖 6-197

圖 6-198

掌握要領：必須是英勇果斷，大膽沉著。突閃，突進，突蹲，就端勢而右傾，挑襠右摔腰，湧肩，渾然一體，發放六合之整勁。必須直突迎擊進閃，不能優柔寡斷。

2. 領手擊肋（燕子回首）

對方（左）右手直擊，我即以左手迎架，右手同時從左臂下向右後領，同時右腳向右橫移，左腳左跨，左手以掌心向對方肋軟骨橫砍，頭隨左轉眼看左手。此動作似燕子束身回首，簡單實用，簡潔快速，靈巧猛烈，以左轉頭之勁帶動腰臀左擺，砍力橫擊，渾身整勁左湧（圖 6-199、圖 6-200、圖 6-201）。

圖 6-199

圖 6-200

圖 6-201

3. 擒手托肘（燕子抖翎）

對方（右）左手直衝而來，我即右手迎架，同時左腳左跨，向左擺送髖或半馬步下蹲。在左擺送髖的同時，左手隨即向左橫擊對方胸腹，左擊著力，右手同時內旋上翻擒拿對方右手腕，左手突然外旋向左擺托對方肘關節，同時向左擺髖，雙腳後跟右移呈左三體勢，右手前送，左手擴肘左托，使對方反關節受損。左右擺髖送勁於肩，達手而抖，像形燕子抖翎（圖 6-202、圖 6-203、圖 6-204）。

4. 進步擊腹領手（右抖翅）

對方正面進擊，我即束身右腿前插蓋步，左手同時下壓對方進攻之手，

圖 6-202

圖 6–203

圖 6–204

圖 6–205

圖 6–206

右手從左手臂上，手心朝上向對方腹部攻擊，對方另一手
還擊，我即右手迎架，起身後領著力內旋上抖（圖 6–
205、圖 6–206）。

5. 鏟腿撩襠（左抖翅）

我與對方搏鬥，右抖翅動勢不停，對方受力後撤，我
即伏身以左腳向左鏟對方支撐腿，左腳掌朝外，同時左手
順左腿前鏟之力向對方襠部撩打挑擊，使對方受損（圖 6–

圖 6-207

圖 6-209

圖 6-210

圖 6-208

207、圖 6-208）。

6.踐步進擊（燕子鑽天）

我與對方搏鬥，左抖翅動勢不停，對方受擊同時迎擊，我即右手向上直挑對方迎擊之手，對方卸力後撤，我即右腳前插沾身跟進墊步，左腳向前踐步，同時左肘進擊（圖 6-209、圖 6-210）。

7. 撲步擊襠（飛燕抄水）

我與對方搏鬥，燕子鑽天動勢不停，對方受力後撤，我即左腳前踐，順步前落，橫鑱對方支撐腿，腳掌朝前，左手以陰陽掌向對方襠部挑打，使對方受損（圖6-211、圖6-212、圖6-213）。

圖6-211

圖6-212

圖6-213

注意：此動作要就勢而為，燕形搏鬥撲步進擊，可撲而不撲，可半蹲半撲，躍步、擊步必須靈活掌握，看勢而為，因勢而走，靈活巧妙，以鑱腿、肘擊、挑襠為打擊手法，一定要不擇手段，乘勝追擊，以對方受損為目的。

8. 抄手膝攻（燕子束身）

對方左手打來，我即雙手交叉，掌心朝外內旋上抄，左掌在裡，右掌在外，上架抄迎，左肘向左頂胸，右手右領對方左臂，同時右腳橫移，左腳跟進併步屈膝攻襠（圖6-214、圖6-215）。

9. 雙手劈打（燕子展翅）

上勢不停，對方右手反擊，我則身體左擰，左手迎架領對方反擊之手，右手右橫擴劈面，雙手左右擴打，左腿提膝頂對方襠部，使對方受損（圖6-216、圖6-217）。

燕形實戰技法，攻守變化要體現出招勢連貫以及多種技法的綜合使用，變化進招要迅速巧妙，靈活快變，隨身起伏，手腳並用，黏身就勢，準確領挑，必須反應靈敏，勇敢機智。

圖 6-214

圖 6-215

圖 6–216

圖 6–217

(四) 燕形的鍛鍊要點

1. 身　法

練此拳一瞬間閃身亮翅，上下翻騰，貴在迅速，隨身勢之起伏，雙目鑽天觀頂，抄水視腳，全神貫注，一氣呵成。燕形身法，要展而舒，由舒而展，伏身而進，如同水中飄瓜，要以快靈為主。燕形各動作要連續不斷地完成，連貫圓活，不能停頓，上身不能歪斜。

2. 手　法

雙手十字相搭，將後膊之力送於手，用力在於膊，側身一抖，再注於手。開勢、戲水都是左手裡裹，右手向左下鑽，上挑於眉齊，向右後內翻而領。

3. 步　法

燕子束身半馬步下蹲，前插蓋步，雙腿交叉呈歇步，踐步上竄，蹬地騰空盡量高縱，左膝上提，撲步抄水要與左掌前插同時完成。撲步要左腿伸直，雙腳的掌、跟都要

著地，盡量貼地前掠，撲步不能停頓，要迅速提起。

九、蛇形拳

蛇形是形意拳「十二形拳」之一。蛇有撥草之能，纏繞之巧，行走曲折，伸縮自如，能繞能蟠，能柔能剛；有擊首尾應，擊尾首應，擊身時首尾相應的技能。運用在搏擊中，先顧上節而制敵，下節進襲，纏繞引進，黏貼擠靠，是一種以靠撞為主的搏鬥技擊法。

(一)蛇形在搏擊中的理念

蛇是最靈活的一種爬行動物，歧舌修尾，蠕行甚速，屈伸盤繞，剛柔自如。用於拳能活動腰力，貫通全身之關節，身有陰陽相摩之意。取蛇之靈活自如、首尾相應的特點，練而成拳，則命名為蛇形拳。

孫子兵法中說：「故善用兵者，譬如率然。率然者，常山之蛇也。擊其首則尾至，擊尾則首至，擊其中則首尾俱至。」蛇形拳主要是模仿蛇之盤旋屈伸、曲折吞吐、伸縮往來的巧妙。取蛇有撥草之能，乘隙前進之巧，技擊時用力需注於肩，所謂肩打者用蛇形。

拳譜曰：「蛇行撥草進巧勢，起時束身落時藏。起若風捲落如箭，好似猿猴把桃鎖。起若箭穿落若風，追風趕月不放鬆。」「撥草之精貴曲伸，盤旋吞吐性屬陰。束展收發須柔韌，轉意連綿在腰功。」

搏擊中使用蛇形，靈光巧妙，內剛外柔，先屈後伸，撥轉隨意，顧打不分，黏貼吸食，蛇力神通。「草密蛇竄

見縫行，挑撥自謀自得心，總是拳拳緊相逼，自在雙手招法中。」

（二）蛇形在搏擊中的運用

蛇形運用在搏擊中，首挑尾打隙鑽侵，黏纏吸引即束展，蛇力神通大力巧。蛇形搏擊技法，先顧上節敵手，而後向敵下節進襲，束身側向前進，順步而入，以沉靜柔實為上策。蛇之通靈，其未遇物好似無力，一旦遇物，則氣之收斂勝於勇夫，吞氣柔身而吐，其勢如吞吐楊柳，游蕩曲折之柔，有行而不得不行，止而不得不止之意。

蛇形在搏擊技法上，先縮後伸，膀勁前靠，腰勁挺起。前臂與前腿置於一線，插入敵襠，湧身而起，充分顯示出「起如挑擔之勁」，先纏繞引伸鑽隙而進，黏貼擠靠而發。下節攻入以靠撞為主。

拳譜中論：「從來順進自成章，撥草能行逞剛強。蛇形寄語人學會，水中翻浪細思量。」學習者於此形當勉力求之，得之於身心，則終身用之不盡。

（三）蛇形實戰技法

實戰技法運用在搏擊中，首先要在意識上保持冷靜，出手攻防在於狠、毒、快；另外是本身三節功夫，技法、意氣的高度配合，靈活運用，隨機應變；更在於出其不意，攻其不備，拳打不知，無意之中有真意。要做到肩擊、肘到、手去，肩、肘、手三合為一。蛇形拳實際上是橫拳的克隆，但蛇形拳在於黏纏吸引，迅即束展，纏繞引進，鑽隙擠靠，以柔勁為主要勁力，靠而剛發。

1. 拴手肩靠

　　對方向我上路以右直崩拳進攻，我即左腳上步，左手向左橫迎，同時右手從左臂上向前外旋並向右橫擴，著力內旋翻手，手心朝下擒拿對方右手腕，五指微屈向右後領。左手就勢前順，掌心朝上托對方肘，身體隨即右擰，雙手同時向右牽動，拴手右採。對方自然卸力回拉，我即向左跨步就勢黏身順進，以左肩、肘靠撞，使對方受損（圖 6-218、圖 6-219）。

　　注意：左腳控制下肢，纏繞拴手束身吸引，隨勢黏靠，猛力靠撞，整勁剛發。

2. 鏟手插喉

　　我以左勢三體勢，對方右直拳崩來，我以右手向右迎拿，左腿前移進步，左手手心朝上，從對方臂上向前朝對方喉部以虎口橫鏟。對方左手迎解，我即左手順勢內旋，反手拿腕回拉，同時右腳右前跨向左擰腰，右手同時向對

圖 6-218

圖 6-219

圖 6-220

圖 6-221

方左臂掩肘，著力隨即向右
移靠，右掌從對方臂上方手
心朝上向右朝對方喉部鑽
靠，並以前肘為導向，湧身
橫鑽，使對方後跌（圖 6-
220、圖 6-221）。

3. 裹肘挑襠

圖 6-222

對方不論腿、手來勢，
我即纏繞旋壓，以左手內旋
外領對方的來勢，身體左擰
同時，右手以肘向左擰、裹、切、砸對方來勢，然後束體
側身右橫移，右手同時就勢右橫下插上挑，向對方襠部攻
擊。後腳順步進擊，控制對方下肢，湧身上挑，肩靠臂
挑，進入中門，從對方臂裡向下，進入側門則由對方臂上
向下插挑，左手控制上肢，後腳上步控制下肢，右臂湧靠
（圖 6-222、圖 6-223、圖 6-224）。

圖 6-223

圖 6-224

4.崩拳反靠

我以右崩拳直擊向對方突破，對方以左手迎架，我則迅速以左手橫拿，右手同時外旋翻手以小臂向左靠對方肘關節，身體左擰，左腳後撤，左手後拉，右拳墜肘，墜肘與左手後拉相連貫，以暗勁寸發。對方右手迎架我右肘手，我即以相同的動作向右擰身，使對方受損（圖 6-225、圖 6-226、圖 6-227、圖 6-228）。

圖 6-225

圖 6-226

圖 6–227

圖 6–228

圖 6–229

圖 6–230

5. 探手制肘

對方左手攻來，我即右腳右進，左手誘打兼顧向前上鑽，迎手前探誘使對方閃躲進身。

對方迎架我左手，我即裡旋下壓對方迎架之手，右手拳心朝上以陰拳向對方耳門關探搓；對方另一手迎解，我即翻手拿腕右橫，左手向對方壓肘，右手上提，左手下

圖 6-231

圖 6-232

壓，身體向右擰轉，形成反關節制肘。對方回力抽化，我即黏身左移以肩橫靠，將對方撞倒（圖 6-229、圖 6-230、圖 6-231、圖 6-232）。

注意：此動作纏繞引伸，轉意連綿，撥轉隨意。

6. 採腿橫靠

老蛇吐信真噴涎，左鑽右抄局外彈。

敵崩直腿彈我襠，抄腿橫靠抖肩發。

我以左勢三體勢拿左手向對方突破，右手提護胸前，對方以右手橫攔我左手，並墊步以右腿向我彈蹬，我即收腹，身體向右擰轉，右手同時極力下插，外旋、內扣、上掛對方蹬來之腿，同時五指屈指摳抓對方腳踝，左手屈臂橫壓對方膝關節，雙手同時向右橫採，同時身體右擰，在橫採的同時左腳向左跨控制對方支撐腿，並以左肩向左橫靠，右手繼續上掛，左肘同時向對方頸部橫彈（圖 6-233、圖 6-234、圖 6-235、圖 6-236）。

圖 6-233

圖 6-234

圖 6-235

圖 6-236

掌握要領：抄腿橫採，隨身就勢果斷扣掛，肩靠肘擊要手腳齊到，奮力撞靠，渾然合勁，奮勇速動。抄手不能遲誤。

7. 提腕折臂

對方向我中路進攻，我右劈拳，右腳順進，以「金雞叼嗉」向對方反擊。對方以右手橫擴，我即以右手就勢抓

圖 6-237

圖 6-238

圖 6-239

圖 6-240

提對方右腕，同時右腳後撤，左手置於對方肘下，雙手上
提，右手內旋，左手外旋，合力上提撤步，同時向右擰
腰，右手上提，左手下壓，雙手同時向右橫擴，擰身呈右
弓步，使對方右臂成反關節受折（圖 6-237、圖 6-238、圖
6-239、圖 6-240）。

8.擒臂折肘

　　對方向我進攻，我以炮拳向對方迎擊，並向其胸部直捅。對方後撤，另一手反擊，我則以右手變勾化解，外橫刁抓對方手腕並後拽。對方受力回撤的同時，左手抓對方手腕，右手前插，右腳前進步，雙手前搓對方雙肘、腕。前搓時左手扣腕，右手扣肘，左手右擠，右手左擠，雙手合力前搓，使對方向後跌傾。前搓時上提下壓，身體前移

圖 6-241

圖 6-242

圖 6-243

圖 6-244

（圖6-241、圖6-242、圖6-243、圖6-244）。

（四）蛇形的鍛鍊要點

1.身　法

力求動作柔韌靈活，開合吞吐明顯，伏時塌腰，起伸背，招招左右旋轉，機軸在腰，身體方向一般稍側，肩在前方。周身節節貫通，柔身而出，先縮後伸，尤如「金蛇纏柳，蛇行撥草」，活潑腰中之力，頭頂腰塌。

2.手　法

兩掌的上插和下穿要緊貼身體，一手插於腋下胯旁，一手置於對側肩上。直臂前挑，由下向上、向側要有撩撥勁，腳到手到力達前臂，眼隨手走。挑撥時目視前方。

3.步　法

下蹲歇步，轉身時要隨和柔韌，沿波浪曲線斜向前進，挑掌進步，手腳同時，手至腳落。後腳蹬，前腳順步而踏，動轉靈活，發勁渾厚，進退自如，轉折迅速。

十、鮐形拳

鮐臺形拳是形意拳「十二形拳」之一，有豎尾上升，超達雲際之勢，下落兩爪捕獵物靠兩只翅膀的合勁，有搗物之力，觸物之形。採用鮐的特點運用在搏擊中，是打擊下節一種僅有的技擊方法。

（一）鮐形在搏擊中的理念

鮐是猛禽類，也有屬鷹類的一種說法，類似鳥，性兇

猛而直率，短尾貼背，翻筋門以逐之，最善食兔。以拳形其象，一落一起，如雷奔電；以尾之能，如迅疾風變；以其性情而言，外猛內柔，有不可比喻之巧力。以鴿形練拳，則命名鴿形拳。

鴿形拳模擬了鴿捕擊獵物的全過程。練鴿形兩手皆落臍間，並不遠去，此為顧法；至打時畢用胯摧，兩膊由裡向外聚攏為裏，顯形為兩翅突然下降，這些就是鴿形的核心。兩手握拳「白鶴亮翅」，前腳進後腳隨之，膊向裡裏擠至臍，這些都是鴿在捕兔時的神態，用人的兩臂模擬兩翅，下擊時以兩拳模擬了鴿的兩爪。形是形意拳重要的技擊法之一，拳諺有：「前腳撥，後足蹬，打人全憑反掌靈，雙拳取小腹，調身用膀勁」。

（二）鴿形在搏擊中的運用

鴿形搏鬥，拳譜曰：「展翅升空上下飛，雙拳直搗縱步追。拳勢貴重在整體，三節相摧須豎尾。」

鴿形拳步法同虎形和馬形，惟手法不同。先以雙手交叉上鑽，化解中攻之敵手，隨即翻下聚攏裹於兩肋，前腳踏有頂天立地之氣概，兩臂向下裹應具備壓、夾、裹、擠、滾、沖之意。下搗時兩拳停於臍間並不遠去，形而不發，意連形續，身體向前湧進，雙拳擊敵腹臍。隨拳進身，身摧拳進，雙手搜腹。

鴿形拳重閃展，要大開大合「大至無外，小至無內」，可以四面八方出擊，但要具備一個以體寬為直徑的立圓，以斜側閃進攻偏門，兩拳齊出，勢曲而含蓄，所以利多弊少。

拳譜中論：「鮐形求精百倍明，鮐憑收尾得徹靈。放他兔走幾處遠，起落就叫性命傾。」學習者需明析此理。

（三）鮐形實戰技法

鮐形實戰技法，可與虎形、馬形合演並用，又可相生相克。鮐形打法，是全身以「湧打」為主，並非點打。步到身要擁，這是上乘的整體打法。在搏擊中以鮐形為主轉換，組成相當有威力的組合打法，也是最有效的技法，但必須綜合單練，實戰演練，才能收效。

1.鮐形攻腹

雙方雙拳向我中路攻來，我即左腳前踏，雙手向上交叉，雙手向左右將對方雙手分畫化解，雙手收於肋下向前直湧，向對方小腹直捅鑽擊，拳心朝上，同時右腳順進。對方再以雙拳向我雙耳摜來，我即就擊腹之勢雙手上搓，內旋外撐，同時左腳向前跨進，雙肘下沉，以肘尖前頂對方心胸要害部位（圖 6-245、圖 6-246）。

圖 6-245　　　　　　　　　　圖 6-246

圖 6–247

圖 6–248

2. 反身攻側後

對方直拳向我進攻，我
即左腳左跨，以右手在外，
左手在裡交叉上插，上步以
右手架撐對方右拳，置左拳
於外。我左拳同時以直肘向
左直擊對方腋下肋部。同時
右腳上步，雙手聚攏自己肋
下，左腳上步控制對方下
肢，同時雙拳向對方右側後

圖 6–249

腰攻擊。雙拳進擊，身摧拳進，向對方後腰腎部攻擊，使
對方向前爬跌。或者以雙拳架開敵手，繞側進步，另一腳
插步反身竄步近敵，然後打擊腰腎（圖 6–247、圖 6–248、
圖 6–249）。

3. 雙推雙按

我雙手掌指朝外，掌根相對，向對方猛烈撞推，虛實

圖 6-250

圖 6-251

圖 6-252

圖 6-253

顧打兼有。對方雙手向下化解，我則雙手外旋夾肘，上托對方雙臂，以化求化。同時左腳上步，右腳跟進，在右腳跟進的同時突然雙手內翻，雙手沿對方雙臂向前推按，必須使對方雙臂貼身，受制而後跌，我即右腳落步靠近對方下肢，控制支撐，使其失重（圖 6-250、圖 6-251、圖 6-252、圖 6-253）。

圖 6-254

圖 6-255

4. 虎撲鮎攻

　　我左腳上步，以虎撲向
對方胸部直攻，突破對方防
線。對方退步，上手反擊向
我頭部以砸、蓋來進攻，我
即雙手上插，交叉上掛，化
解對方來勢，同時外旋翻
手，以鮎形向對方小腹攻
擊。同時右腳順進，左腳跟
進，擁身前攻，使對方後傾

圖 6-256

失重受損（圖 6-254、圖 6-255、圖 6-256）。

5. 鮎擊馬奔

　　對方向我進攻，我即左腳上步斜身前跨，雙手交叉，
右手橫架外擴，左手架撐肘尖向左暗頂，著力回裹以鮎形
向對方小腹攻擊。對方下插雙手迎擊化解，我即雙手抽回
上搓，以馬形向對方攻擊。對方撤步上插，我同時上步，

圖 6-257

圖 6-258

雙手外旋，黏肘裡砍，並以
雙臂控制對方雙臂向對方雙
耳砍擊。此技法，以柔勁上
下翻騰，即擊即推，即砍、
即崩、即撲，內外翻旋，連
連不斷，腳手相連，身進手
翻，後蹬前擁，胯向前攉
（圖 6-257、圖 6-258、圖
6-259）。

圖 6-259

6. 勾拳反擊，翻手攻腹

　　對方以右擺拳向我攻來，我即左腳上步，左拳內旋外
橫，後領對方來勢，同時以右勾拳向上瞄準對方下頜猛
擊，同時右腿提膝頂擊對方襠、腹部。對方受力後撤，並
以雙拳迎擊，我即雙拳上撐交叉迎架對方上肢，搶步進
身，以鮐形進攻。如果捋下以馬形進攻，搓上以虎形進
攻，分撐以鮐形進攻，單手架撐以炮拳直捅，要看對方來

圖 6-260

圖 6-261

圖 6-262

勢，我即迎手變招而進。對方如果受擊撤步後卸，我即上
腳蹬踹（圖 6-260、圖 6-261、圖 6-262）。

（四）鮐形的鍛鍊要點

1. 身　法

上體端正，臀部前送，抬頭直腰，表現了臀尾前送、
小腹上翻之「胯打」的技術核心。鮐形的應用得當就是在

於模擬鮎形翅的夾擊，再用兩拳來模擬兩足之一擊，再輔之以下蹲。蹲要在於胯，只有這樣才能「力沉而速」。身體向前擁進，全憑後腳蹬，表現在上身用勁完整，是鍛鍊腎腰前摧勁的典型拳勢。

2. 手　法

兩臂上叉，分開畫圓向腰收回的動作，兩肘要緊靠肋部，要沉兩肩。兩拳前衝臂不能伸直，拳心朝上，高與腰齊，肩、肘要靈活，胸、背、臀各部位要有彈力。左右回環，兩臂向前衝搗時要貼身；兩臂內翻上鑽，兩拳向兩邊分開時要有撐勁。分列水平時，向上、向下、向左、向右四方伸張，形成一個「圓錐」形。

3. 步　法

前腳墊步，後腳跟進，提靠於前腳踝內，順步前進，左腳隨之跟半步。膝部微屈，重心偏於前腿，前腳落步要踏實。後腳前頂，雙拳前搗和胯表現了形而不發的架勢，一般是斜進而攻其偏門，直線斜打，此步法是形意拳重要的技擊步法。

十一、鷹　形　拳

鷹形拳是形意拳「十二形拳」之一。鷹有瞥目能察細微之物，放爪能有捉拿之技，抓獲之精，其爪鋒利，其目敏銳。採用鷹的下落，兩目盯物捉物迅速，運用在搏擊中束身靠膀抵禦敵手，扛、擠、偎、靠，接近待取。鷹爪攻擊技法是顧上打下的一種方法。

(一)鷹形搏擊中的理念

鷹為猛禽，爪抓銳利，嘴啄力強，飛行敏捷，善用爪搏捉，性殘凶暴，覓食狠毒，以爪刃食物分筋挫骨。形之於拳，真精化氣，灌溉三田，精滿神旺，力達於四梢，演練成拳，則命名為鷹形拳。

形意拳整個動作其實「手手不離鷹爪，步步不離雞腿」。形意拳在全身的形象上體現出「四象」，「鷹爪」即是其中之一。鷹形拳十分重視兩掌的指力和兩腿的虛實，鷹爪掌以勁節要求掌心吸實，五指勁力平均，而且在五指的第一關節屈的勁力集中，並大於其他指關節含的勁力。鷹爪掌要力貫指端，久練可增強指力。

拳譜曰：「盤旋覓食目似箭，墜落抓物爪似鈎。精氣神力功居首，功練鷹爪氣為先。」杜甫曾有詩曰：「乘威滅蜂蠆，戳力效鷹顫。」鷹形歌訣：「雙目卓然電光充，九秋覓兔在高空。雙爪力抓寒透骨，動靜虛實更靈通。」

(二)鷹形在搏擊中的運用

拳譜曰：「鷹生雙目察細微，九秋翔遊尋狡兔。利爪力抓筋骨，精滿神旺虛實精。」「虎威鷹猛，以爪為鋒。」

在搏擊中運用鷹形拳技擊技法，主要是利用手上的指爪功夫，以及身形合一的勁氣，總是要以利爪之威而獲勝。所以，在技搏時應貫注掌指的運用，在運用時全身之力達於指爪，單抓技巧，身墜臀穩，前伸後墜效鷹爪。

鷹形在搏擊中運用，採用鷹抓之特點，出手疾而著手

狠，起鑽落翻，雙劈拳為掌擊，打擊部位在心窩。可走拗步，可走順步，起鑽束身，肩靠膀抖，以顧法抵禦敵進攻之力，呈仰望之勢，其實是橫拳的變型之一。搏鬥時，當上步後，手從熊掌上，以鷹抓下擊，側身掉膀，力盤四梢，尾閭下墜前湧，如鷹抓兔之勢。

拳譜中論：「英雄處世不驕矜，遇便何妨一學鷹。最是九秋鷹得意，擒完狡兔便起升。」鷹形外陽內陰，剛柔相濟，動作伸縮與呼吸密切配合，以使勁力完整嚴密，學習者應細心研究，神明拳理。

（三）鷹形的實戰技法

與人搏鬥，必須是眼要疾、心要毒、手要狠。眼疾如飛鷹捉兔，心毒嫉惡如仇，手狠如猛虎撲羊，以及疾髮衝冠，疾舌摧齒，疾指透骨。心毒則手狠，眼疾則手快。

在拳術中練指功稱之「鷹爪功」，主要是要鍛鍊指、掌骨質的堅韌和經筋的伸縮與堅韌性能。無筋則不能伸縮，所以，經筋是主率四肢之伸縮、手掌之開合、身體之轉動、兩腳之進退起落的重要組成部分。「手腳之功，手抓足蹬，氣力兼併，爪生奇功」，均說明了指在攻防技擊中占有非常重要的地位。

1. 左勢鷹形攻頷

對方以右拳向我擊來，我即上左腳，右拳上鑽，橫迎攔拿對方來勢，同時右膝向對方右肋直頂。右手著力下翻拿腕右捋，右腳落步控制對方下肢。左手從右手背上向前，以鷹爪掌向對方頷部直擊，力達掌根。掌握好右手拿腕與提膝同時進行，右捋落步與左勢鷹爪攻擊同時進行，

圖 6–263

圖 6–264

鷹爪前擊右手前按，鷹抓時墜身落臀，勁氣合一，防守反擊，腿手相應，在右進攻相同，占右進右，占左進左（圖6–263、圖6–264）。

2. 右勢鷹形攻胸

此法以進入中門為招。對方以左擺拳擊來，我左腳即踏進，右腳跟進，右拳上鑽內旋橫攔，右捋卸力，臂擴鬆肩避開對方力點。左手同時以鷹爪從正面向對方迎面從上向下摳抓，掌指尖向下滑摳。對方右手反擊，我左手就勢以肘外擴橫攔，右手以鷹爪掌向對方胸部猛烈打擊，力達掌根，同時右腳順步進身，腳落掌擊使對方失重（圖6–265、圖6–266）。

> **掌握要領：**進中門束身合體，怒髮衝冠，疾指透骨，左手攔捋與鷹掌攻擊同時進行。

3. 右勢鷹形擊襠反擊

對方以右拳擺拳擊我左身，我即右腳上步，左腳跟

圖 6-265

圖 6-266

圖 6-267

圖 6-268

進，左手同時上鑽，著力內旋橫攔，左擴拿臂下捋，右手
同時以鷹掌向對方襠部擊打。對方後撤卸力，我即左腳順
進，對方左手勢必反擊，我右腳上步，右手屈肘折回，以
手掌後領其左勢，肘尖同時前頂反擊。肘頂要順肩前湧，
著力順勢下翻迎面追擊，以鷹掌狠狠打擊。此動作要連連
進擊，逼準中門，沾身緊逼（圖 6-267、圖 6-268）。

4. 左勢鷹形抓頸反擊

我右腳上步，右拳上鑽外旋，向對方突破。對方以左手攔擋迎手，我則右手著力即內旋翻手，向右橫擴擒拿對方左手腕，同時左腳上步提膝向對方小腹部直頂。對方受挫後退，另一手反擊，我則右手緊抓不放，左手用肘橫擴攔擋對方反擊之手，身體右撐，左腳落地後撐，左手以鷹爪抓對方右頸向右推，右手向右拽捋，使對方受挫後傾（圖 6–269、圖 6–270、圖 6–271、圖 6–272）。

5. 鷹形防腿反擊

對方右腿向我腰部攻來，我即右腳上步，左腳跟進，左手上鑽，橫攔著力內旋，壓捋對方膝蓋或小腿，避開對方腿峰，左腳隨即左橫上步，右手以鷹爪掌向對方右腿裡側猛烈打擊、撞壓，力達掌根，使對方失重（圖 6–273、圖 6–274）。

圖 6–269

圖 6–270

圖 6-271

圖 6-272

圖 6-273

圖 6-274

注意：束身合體，勇往直前，毫不猶慮，奮勇反擊。左右反擊採用同樣的動作。

6. 鷹形式抄腿反擊

對方踹腿向我中路攻來，我則防左腿走裡，防右腿走外。右手從下向上抄腿上掛，後腳上步，左手以鷹爪掌向

對方膝部搓擊，右手抄手上掛，著力內旋以掌沿扣別對方
小腿，掌握前小臂鑽橫著力抓提腿腕即可（圖6-275、圖
6-276、圖6-277）。

注意：以對方來勢掌握，能進則進，不進則走，變招即
攻。

圖2-275

圖2-276

圖 2-277

7. 連環鷹爪掌擊心

我以鑽拳進擊，對方迎手，我著力即翻手後将；另一手以鷹爪掌向對方心胸部攻擊。對方反擊，我則另一手防守反擊，上鑽後将，再以鷹爪掌用一手擊打對方心胸。反覆連環，一氣呵成，不給對方以還手機會。橫鑽反擊，鷹爪掌屬重擊（圖 6-278、圖 6-279、圖 6-280、圖 6-281、

圖 2-278

圖 2-279

圖 2-280

圖 2-281

圖 2-282

圖 6-282）。

8. 攔肘爪戳

對方以右肘向我攻擊，我右掌上鑽外橫化解，左手同時從對方右肘下以鷹爪掌直戳，同時右手將對方肘封鎖前送。對方右肘回撤，左手反擊，我即以爪戳之掌上鎖橫攔，另一手以鷹爪掌向對方肋部直戳。掌握步隨手進，腳隨手轉（圖 6-283、圖 6-284、圖 6-285、圖 6-286）。

圖 2-283

圖 2-284

圖 2-285

圖 2-286

(四)鷹形的鍛鍊要點

1. 身 法

鷹形身法以腰部為主，透過上肢的變換，以形喻勢，運動中左右擰轉，吸化吐發，側身掉膀，以腰運身，以身帶臂。鷹形重點：上身略前傾，豎項，塌腰，沉肩墜肘。鷹形回身要迅速連貫，身體不可歪斜，上步按掌要整齊一致，不能有先後之別。

2. 手 法

鷹形手法，右拳從左胸下經左肩上鑽，右橫與鼻齊，內旋下落，左掌順右前臂前伸。體現出雙拳同時內外旋上鑽，同時內外旋翻拳變掌，右掌撤，左掌伸，表現出如鷹捉兔之勢。目視前掌，精神貫注，聚精會神，目光敏銳。鷹形雙目電光充盈，要表現出動作貫穿在眼神之中，俗話說「鷹目猿神」，鷹形對眼神的要求十分嚴格。

3. 步 法

鷹形步法，上右進左，進右腳鑽右拳，縱橫交錯，進如潮湧，手腳並進，閃進自如，鷹捉準確，巧如鷹探爪。掌的後撤、腳的落步、爪的前探要同時完成，兩膝裡扣。

十二、熊 形 拳

熊形拳是形意拳「十二形拳」之一。熊在動物中性直不屈，力最猛，其形最威，其膀力和臂力十分大。熊有豎頂之力，甩膀之勁，出洞之威。熊的這些特長運用在搏擊中，橫格裏撥，以克制對方，膀則有打擊的作用；熊鷹合

用就形成了一種刁領和擒拿的主要打擊方法。

(一)熊形在搏擊中的理念

　　熊的形狀鈍笨，性並不愚，具有拙中藏巧的能力。它的形象很威，外陰而內陽。熊的勁力很大，能與虎豹作鬥。取熊形演練成拳，用以技搏。

　　熊形與鷹形合演，氣上升為陽，氣下降為陰，陰陽相摩，一氣之伸縮，實際是熊鷹鬥志，表現處處不離攻守，不離熊鷹起落、伸縮之勢。十二形中龍形、虎形單演為開，熊鷹合演為合，鷹熊二字諧音於「英雄」。採取鷹捉物的準確勇猛和熊的守禦之渾厚頂豎的特點，合而為一。在搏擊技法上熊形是起，鷹形是落，藉由起鑽落翻上下調節，以使動作完整發勁，嚴密協調。

　　拳譜中論：「行行出洞老熊形，為要放心勝不伸。得來只爭斯一點，真情寄語有情人。」學習者明瞭十二形開合之理，可以入道修德。

　　熊形有豎頂之力，甩膀之勁，出洞之威。熊形要體現出其頭頂豎項之巨力和雄踞曠野之威嚴，以及鷹機警禦守神出的神志。

(二)熊形在搏擊中的運用

　　熊形起勢沒有落勢，主要以守為攻，貴要防身化敵，取勝不伸。甩膀撞肘能致命，豎項禦守顯神威，追風趕月反背捶。熊雖然笨拙，行動遲緩，但它的笨力卻十分大，尤其是熊的膀力。

　　在形意拳中，全身體的形象表現為「四象」，「熊

膀」為其中之一。之所以要強調內含熊膀之勁力，就是要把勁氣和力氣匯集在肩膀三角肌和背肌。在搏擊技法上，上肢用拳勁的大小除了沉肘以外，重要的還是要依賴於上肢的根節——膀所含勁力的大小。所以說肩不扣則膀不聚，膊不按則膀無力，膀不聚則肘必空，肘一空則手必鬆，這就是這三節之間的運動規律。

熊形搏鬥橫於側為顧法，後臂陰手橫下壓，前臂翻起偎靠臂腕，交替翻手甩膀，起手必具熊膀，兩手緊防門面。

（三）熊形的鍛鍊要點

左腳側進，右拳右鑽，右腳靠攏左腳，左手上穿，拳心相對；右腳側進，左腳跟進，兩拳變掌，邊翻邊轉，向右甩左膀。三動連貫，一氣呵成，跨步、翻轉、捋帶、靠膀同時完成，整齊一致。左右連續交替。

（四）熊形實戰技法

1. 纏腕甩膀

對方以左手出擊，我以右手上鑽橫擋，對方翻手擒拿抓我右手腕，我即迅速用左手抓壓其手背，不使其逃脫。同時速由右手翻扣反拿對方手腕，以掌外沿上提橫捋，兩手合力扣壓，左肘右甩，以膀撞對方胸部。同時右腿向右後撤，使其傾跌（圖6-287、圖6-288、圖6-289）。

注意：右手上鑽防守，橫擋出手時右手由左胸前向右鑽上，左腳向前右手上鑽。

圖 2-287

圖 2-288

圖 2-289

圖 2-290

2. 扣肘甩膀

對方以右手擊我，我即以右手為熊掌上鑽，橫攔擋對方攻擊。對方翻手擒拿我右手腕，我即迅速以左手抓壓其手背不使其逃脫。同時迅速由右手翻扣，反拿對方手腕，左腳同時上步，左肘扣壓對方肘關節，右手下捋後拽，向右擰腰，同時甩左膀，使對方前跌（圖6-290、圖6-291、

圖 2-291

圖 2-292

圖 6-292）。

3. 熊形奪匕

對方以右手持匕首向我直捅，我即以左手抓對方手腕大拇指頂其手腕，同時左橫步右擰身避開匕峰。左手抓時，右擰身左手向右順其勢而抓，在抓腕同時右腳即上步，右手抓卡對方內腕，大拇指卡其手背，掌沿下

圖 6-293

切，向左擰腰轉身，右肘擊，膀甩撞胸，右腳後撐，使對方後跌。摔倒後不鬆手，扣指奪匕（圖 6-293、圖 6-294、

　　注意：雙手拿切要冷靜、果斷、迅速、準確，英勇奮進，完整發勁，協調嚴密。此動作破解直拳亦可，但需雙手同時拿腕，同時擰腰。

圖 2–294

圖 2–295

圖 2–296

圖 2–297

圖 6–295）。

4. 折臂甩膀

　　對方右拳向我中路直攻來，我以右熊掌上鑽迎擊，左手同時直抓對方右手腕外旋，右手向裡反手內旋翻扣壓對方拳心，同時向左擰腰，甩右膀使對方後跌（圖 6–296、圖 6–297）。

圖 2-298

圖 2-299

5. 解脫抓髮

對方用右手抓我頭髮，在即抓未抓緊之時，我迅速上左腳，以左手抓腕，右手抓壓對方抓髮之手指，成右上左下。右手扣握對方掌沿握攏對方手指，左手以掌下切對方手腕，右腿後撤，左肘壓對方肘關節，並且合力向右甩膀。一定要渾然右

圖 2-300

甩，撤步、壓肘、甩膀同時進行，使敵前跌（圖 6-298、圖 6-299、圖 6-300）。

6. 甩膀脫襟

對方右手抓我襟，我即右手抓對方腕裡，左手抓腕外，右手扣握對方掌沿，左肘扣壓對方肘關節，合力右擰同時右腿撤步，向右甩左膀（圖 6-301、圖 6-302、圖 6-

圖 2-301

圖 2-302

圖 2-303

圖 2-304

303）。

7. 制臂甩膀

對方以左手進攻，我即上左腳，右手以熊掌向右橫掛，左手同時上手內旋翻拿對方手腕外臂。右手回折以肘下切對方肘關節，左手提，右手壓，身體合力左擰，向左甩右膀，左腳左撤，右腳後撐，四肢極力配合，自身旋轉180度，腿撐制控，將對方摔出（圖6-304、圖6-305、圖

圖 2-305

圖 2-306

6-306)。

注意：謹防對方右手反擊，因此，要右手橫迎與左手拿腕同時進行，即拿即擰轉甩膀，不給對方反擊機會。防守左右手採用相同的動作。

8. 甩膀擊襠

我以左手向對方直鑽，對方向我抄扶肘，我即以右手右橫內旋反扣，翻手拿對方手腕，身體右擰甩左膀，左手下落擊對方襠部。對方受力空提，我合力右轉身擰腰將對方摔出。要掌握好合力擰身，彎肘甩膀，左拿手下落擊襠，必須渾然一體（圖 6-307、圖 6-308、圖 6-309、圖 6-310)。

實戰技法，與人搏鬥，彼此都在力求自身重心的穩定，同時都要設法牽動對手的重心，使其傾跌，自身的尾閭中正，上、下、前、後、左、右協調力均，塌腰束體是重要的穩固自身環節。形意拳重視六合之功，技擊搏鬥實

圖 2-307

圖 2-308

圖 2-309

圖 2-310

際上是一場重心的爭奪戰。

在搏擊中自身的技擊方法，關鍵要看自己三節功夫的鍛鍊程度，以及實戰技法實際搏鬥中的鍛鍊和實戰體會，包括自己的臨場經驗，還要著重掌握靈活機動的戰略、戰術。技擊技法的綜合運用，一定要具備現代搏擊百折不撓、戰無不勝的優秀精神，就像泰森評價劉易斯一樣：

「他是一名偉大的拳手，劉易斯在比賽中表現得像一名戰士。」

凡是習武者要成為一名搏擊高手，必須要用現代搏擊思維去認真思考領悟武術的真諦。真正的搏鬥絕不可能允許任何一個人有什麼假想應招，實戰要比你想像的東西危險殘酷很多，任何脫離實戰的招法都是空的。

十三、合　論

以上分論，形意拳「十二形拳」之講義及十二形拳在搏擊中的運用實戰技法的應用研究，根據《形意拳拳譜》研究實效和技擊攻防技法，因此，練習形意十二形拳為一整體，遠較單練一種更為全面。仿生博採，汲取於一身，萬物皆備我用。形意拳集健身、技擊為一體，以五綱十二目鍛鍊人體素質，提高人的精神智慧，透過鍛鍊更能發揮提高自身攻防技術在搏擊中的運用。

形意拳在技擊技法上有「出手如暴風驟雨，入手如風掃殘雲」等靈活的戰略戰術，其實多種手法不一而舉，主要是搏鬥臨場，審時度勢，運用得宜。

從精神意義上來講，形意拳學練的原則、特點、精要都是歷代名家畢生心血之結晶，所得出的寶貴經驗，也是習練形意拳功不可缺少的正確指導。

實踐證明，只要嚴格按照拳法中的要求演練，並能長期堅持不懈，數十年不輟，逐步掌握要領，入門並不難，深造更深層次的功夫也是辦得到的。刻刻用意，時時留心，處處動腦筋，日久功深，拳精者自化，無意皆意，無

法皆法，則可獲形意拳的高深造詣。

　　這裡也應該指出，形意拳摹擬 12 種動物仿生動作，象形取意，重點是取意，「是拳無拳，是意無意，無意之中有真意」。形為體，意為用，形象服務於拳法，拳法結合形象，形象帶有綜合性，博採眾長，概括程度很高。

　　形意拳仿生學思想，是全面吸收多種動物的本能性防禦和攻擊的整體動作，運用於強身健體、防身自衛之中，這個不斷發展和完善的指導思想無疑是最傑出的，也是最行之有效的。

　　形意拳是我國流傳很廣的一個拳種，是中華武術之粹，幾乎每一拳都有所擅長和饕取。陰陽五行為綱，生剋原理，化生十二形，陰陽變化生生不息，勢招層出不窮，功夫由淺入深。筆者於此僅以舉例供廣大愛好者共同研究，至於在各種場合下的搏擊運用、技擊方法，實際操作中的變化比這要複雜百倍，許多過程運用何種技法，根本無暇思索。

　　習練形意拳必須勤學苦練，善於學習，善於思索，善於總結，悟其中的奧妙，敢於走前人沒有走過的路子，要用發展的眼光，崇高的精神思維，現代的搏擊思想去研究它，去掌握它，去應用它，克服誇誇其談的本本主義。

　　形意拳拳法技擊變化極多，形意拳的思想體系奠定了它特有的原則基礎，也毫無疑問地給長期處於自然發展階段的武術運動提供了相對和諧的初級反思的參照，這裡舉此搏擊應用，僅供同仁探討，以阻竊術者之口舌，以免誤人子弟，傷害諸眾。

後　記

親愛的讀者，《形意拳搏擊的理與法》終於與世見面了。當你打開這本書看到第一章的題目時，對你能翻看這本書或者認真地讀這本書表示最真誠的感謝。只要你認為它是一本對發揚中華武術有益的一本書，我就會感到萬分的高興和喜悅，並感到十分的欣慰，因為長達十年多的寫作過程總算有了一定的成果，並且得到了社會的認可。

作為筆者我並不想展現自己什麼，我自己也不是什麼武術名家，更不是什麼武術傳人，我只是一個武術愛好者，更熱愛形意拳。作為一個人，在人生的道路上應該具備堅韌不拔的崇高精神。作為一名武術愛好者，只是在尋求一種告別傳統武術書籍的撰寫方法，使那些原本很生疏的專業術語、文言文學遠離人們，使它變得更通俗易懂，努力地使更多的人能獨立地去看懂並學會武術，參於到武術運動中去，成為武術運動員，尋求授技、讀書、鍛鍊、學習並存的效果，這也是我寫這本書的宗旨和目的。

近 400 年的形意拳發展史，以其特有的思想文化的優勢為中華武術的普及與傳播做出了重要的貢獻。但是，在武術運動普及程度大幅度提高的同時，也帶來了傳統武術在學習和提高的過程中種種不協調現象，武術作為中國傳統文化的組成部分，在學習鍛鍊過程中，受傳統思想及傳

承習慣的影響，使得很多愛好者、參於者、鍛鍊者以及專業從事者在學習過程中感到非常的困惑。我們如何將武術這一中國傳統體育的瑰寶，這一中國傳統文化的結晶發揚光大，這是我們作為傳統武術繼承者、愛好者、參於者今天理應引起足夠重視和面臨的巨大挑戰。

把武術融入到傳統文化的海洋之中，功夫代表著中國武術的豐富內涵，傳統文化是造就傳統武術的根基，也為武術在當今時代的發展提供了一個適時的環境。隨著時代的變遷，與時代所適應的文化基礎相應的也在不斷變化，中國歷史的發展變化、文化的變遷與發展完全超出了我們的想像，因此，而引起的諸多變化也就成為自然而然了，所以，作為武術亦不能例外。

當代是熱兵器時代，傳統武術的發展絕不能是毫無意義的復古，應該是在文化意義上的創新。發展絕不能是追尋曾經生育它的傳統巢穴，而是適應當今時代的文化回歸！回歸的本身是為武術創造一個更好、更有利於發展的環境，以尋求在新時代環境下給予武術自身更大的發展空間，以適應時代的文化基礎。

只是躺在歷史的舊紙堆裡盲目地去繼承，那將有害於武術運動的發展，只有在繼承的基礎上加以發展，求得新的生命力，時代的潮流、歷史的車輪浩浩蕩蕩，我們只有順時而行，使傳統武術更適應現代文化的土壤，才能引導中國武術走向健康發展的道路，那樣我們將無愧於武術這一中國古老傳統文化的瑰寶。

鑒於以上觀點，我們在整理編寫這本書的時候，儘可能的使論述的語言通俗和哲理化，書中也將大量的篇幅用

來闡述傳統書籍和傳承以外的無形技術和思維，結合現代科學體育的觀點，以求努力使更多的人認識並掌握傳統武術，以及到達傳統武術的高層次、高境界的階梯，使之步入武術運動和科學體育之中。

本書在撰寫過程中，主要是積累了筆者自己 50 年習武感悟，更是研習了《形意拳拳譜》之書的精華，還大量地採集了國內外眾多專家學者的研究成果，參考了他們的著述，在此我們道一聲謝謝！

同時也感謝在編寫本書的漫長道路上參與、幫助、關心和大力支持的——山西師大體育學院教授王崗先生，我的師傅山西形意拳協會會長、中華武林百傑、山西體工隊武術教練張希貴，山西師大體育學院副教授張智祿先生，搏擊雜誌社編輯部主任張高生，編輯田文波同志，山西形意拳協會秘書長劉金根，副秘書長范國昌，以及高生光、王剛、王慶林、岳劍峰等同仁及師兄弟們，尤其是山西大學民族傳統體育研究所副教授毛明春先生，他在編著本書過程中從策畫、研討、編列題綱、審閱、修改等方面做了大量的主導性工作，特此表示衷心的感謝。再次真誠地感謝所有鼓勵和支持編著出版這本書的人們，只有各位同仁前輩的支持才使這本書有機會與廣大讀者見面。

最後，懇切希望在此書出版以後能夠得到專家、學者、廣大讀者給我提出寶貴的意見。

NOTE

歡迎至本公司購買書籍

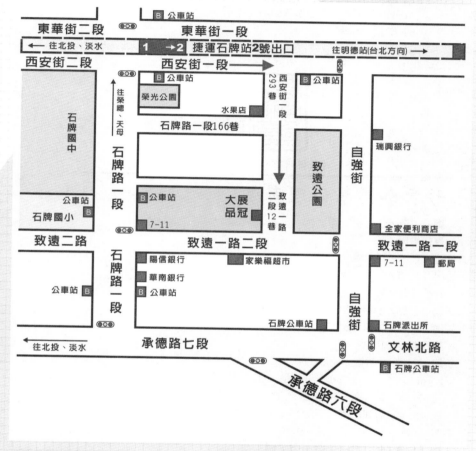

建議路線

1.搭乘捷運‧公車

　　淡水線石牌站下車，由石牌捷運站2號出口出站(出站後靠右邊)，沿著捷運高架往台北方向走(往明德站方向)，其街名為西安街，約走100公尺(勿超過紅綠燈)，由西安街一段293巷進來(巷口有一公車站牌，站名為自強街口)，本公司位於致遠公園對面。搭公車者請於石牌站(石牌派出所)下車，走進自強街，遇致遠路口左轉，右手邊第一條巷子即為本社位置。

2.自行開車或騎車

　　由承德路接石牌路，看到陽信銀行右轉，此條即為致遠一路二段，在遇到自強街(紅綠燈)前的巷子(致遠公園)左轉，即可看到本公司招牌。

國家圖書館出版品預行編目資料

形意拳搏擊的理與法 / 買正虎 編著
——初版，——臺北市，大展，2006 [民 95.04]
　　面；21 公分—（武術特輯；79）
　　ISBN　978-957-468-449-6（平裝）
　　1.拳術—中國
528.97　　　　　　　　　　　　　　　95002268

形意拳搏擊的理與法

編　　著/買　正　虎
責任編輯/張　　　力
發 行 人/蔡　森　明
出 版 者/大展出版社有限公司
社　　址/臺北市北投區（石牌）致遠一路 2 段 12 巷 1 號
電　　話/（02）28236031，28236033，28233123
傳　　真/（02）28272069
郵政劃撥/01669551
網　　址/www.dah-jaan.com.tw
E - m a i l/service@dah-jaan.com.tw
登 記 證/局版臺業字第 2171 號
承 印 者/傳興印刷有限公司
裝　　訂/建鑫裝訂有限公司
排 版 者/弘益電腦排版有限公司
授 權 者/北京體育大學出版社
初版 1 刷/2006 年（民 95）4 月
初版 2 刷/2010 年（民 99）2 月　　　　　　定價/300 元

大展好書　好書大展
品嘗好書　冠群可期

大展好書　好書大展
品嚐好書　冠群可期